ଅନ୍ୟା ଅନନ୍ୟା

ଅନ୍ୟା ଅନନ୍ୟା

ଲକ୍ଷ୍ମଣ କୁମାର ସାହୁ

ବ୍ଲାକ୍ ଇଗଲ୍ ବୁକ୍ସ
ଭୁବନେଶ୍ୱର, ଓଡ଼ିଶା

BLACK EAGLE BOOKS
Dublin, USA

ଅନ୍ୟା ଅନନ୍ୟା / ଲକ୍ଷ୍ମଣ କୁମାର ସାହୁ

ବ୍ଲାକ୍ ଇଗଲ୍ ବୁକ୍ସ : ଭୁବନେଶ୍ୱର, ଓଡ଼ିଶା • ଡବଲିନ୍, ଯୁକ୍ତରାଷ୍ଟ୍ର ଆମେରିକା

BLACK EAGLE BOOKS

USA address:
7464 Wisdom Lane
Dublin, OH 43016

India address:
E/312, Trident Galaxy, Kalinga Nagar,
Bhubaneswar-751003, Odisha, India

E-mail: info@blackeaglebooks.org
Website: www.blackeaglebooks.org

First International Edition Published by
BLACK EAGLE BOOKS, 2022

ANYA ANANYA
by **Lakshman Kumar Sahoo**

Copyright © **Lakshman Kumar Sahoo**

All rights reserved. No part of this publication may be reproduced, stored in a retrieval system, or transmitted, in any form or by any means, electronic, mechanical, photocopying, recording or otherwise without the prior permission of the publisher.

Cover & Interior Design: Ezy's Publication

ISBN-978-1-64560-330-6 (Paperback)

Printed in the United States of America

ଯେଉଁମାନଙ୍କ ପ୍ରେରଣା
ଅଂଧାର ଭିତରେ ଦୀପଟିଏ
ପରି ଏ କବିତାକୁ ଅନିର୍ବାଣ
ଜାକିବାକୁ ଅନୁପ୍ରାଣିତ
କରିଛି, ସେମାନେ
ଅନନ୍ୟା ମୋର ନାତୁଣୀ
ଓ ଆୟାନ ମୋର ନାତି ।
ମଧ୍ୟ ବିନ୍ଦୁରେ ଅଟକିଥିବା
ମୁହୂର୍ତ୍ତକୁ ଚଳଚଞ୍ଚଳ କରି
ଯିଏ ଏ ସଂକଳନକୁ
ଅଂଧାରରୁ ଉଦ୍ଧାର କରିଛନ୍ତି
ସେ ଅପରାଜିତା, ମୋର
ସହଧର୍ମିଣୀ,
ସବୁବେଳେ ପ୍ରଭାବ ପକାଇ
ମୋ କବିତା ସଂକଳନକୁ
ପ୍ରଶଂସା କରୁଥିବା ମୋ
ପୁଅ ଅଭିଷେକ, ଅଭିଜିତ
ଓ ବୋହୂ ମେଘା ଓ ଈଶା,
ଏମାନଙ୍କ ପାଖରେ ମୁଁ
ଶ୍ରଦ୍ଧା ଓ କୃତଜ୍ଞତାରେ ବଂଧା ।

- ଲେଖକ

ମୋ ଅନୁଭୂତିରୁ

କବିତା ତ କେତେ କଥା କହେ। କୁହାଯାଏ, କବିତା ଗୋଟିଏ ବିଶାଳ କାନଭାସ୍। ଅଳ୍ପରେ ଅନେକ କଥା କହିପାରେ କବିତା। କବିତା କଥା ସତରେ ନିଆରା। ଜୀବନ ଓ ଜଗତକୁ ନେଇ ମୋର ଅନୁଭବକୁ କବିତାରେ କବିତାରେ କହିବାର ପ୍ରୟାସ କରିଛି। କବିତା ମତେ ମୁଗ୍ଧ କରେ, ମୋହିତ କରେ। କବିତା ମତେ ସ୍ୱପ୍ନାବିଷ୍ଟ କରେ। ସ୍ୱପ୍ନରୁ ସତ୍ୟ, ସତ୍ୟରୁ ସ୍ୱପ୍ନ ଏମିତି ଘୂରିବୁଲେ ମୋ'ର କବିତାମାନ। କେତେବେଳେ ଫୁଲ, କେତେବେଳେ ଫଗୁଣ, କେତେବେଳେ ସାଙ୍ଗସାଥୀ ତ କେତେବେଳେ ପାହାନ୍ତା ରାତି କେତେକଥା, କେତେବ୍ୟଥା - ଏସବୁକୁ ନେଇ କବିତା। କବିତାରେ କାହାକୁ ଥାଏ ଅପେକ୍ଷା ପୁଣି ତହିଁରେ ଥାଏ କାହାର ସ୍ୱପ୍ନାବିଳ ସତ୍ତା। କବିତାକୁ ଭଲପାଉଥିବା କବିଟିଏ ମୁଁ। ବିବିଧତା ମୋ କବିତାର ମୂଳ କଥା। କିଛି ପରିବର୍ତ୍ତନ, କିଛି ନୂତନତା, କିଛି ଅମଡ଼ାବାଟକୁ ଚଲାପଥ କରିବାର କଥାକୁ ନେଇ ମୋ କବିତା। 'ଚଢ଼େଇ'ରୁ ଆରମ୍ଭ ହୋଇ 'ସାଙ୍ଗ'ରେ ସାରିଥିବା ଏ କବିତା ସଂକଳନରେ ସମୟ, ରାସ୍ତା, ଜୀବନ, ଯନ୍ତ୍ରଣା, ପ୍ରେମ, ବିଶ୍ୱାସ ଆଦି ବିବିଧ ବିଷୟକୁ କବିତାରେ କହିବାର ପ୍ରୟାସ କରିଛି। ଏହି କଥା କହିବାବେଳେ ମନେପଡ଼ିଯାଇଛି - ଗାଁ ନଈତୁଠ କଥା, ଚିଠିର ବାସ୍ନା, ସ୍ୱପ୍ନର ମାଦକତା, ସଞ୍ଜବେଳ, ଅଦିନ ବର୍ଷା, ପିଲାଦିନ ଏମିତି କେତେକେତେ କଥା ମତେ ବିଭୋର କରିଛି। କର୍ମଜଞ୍ଜାଳରୁ ସମୟ ପାଇଲେ ମୁଁ କବି ହେଇଯାଏ। ଭୁଲିଯାଏ ଆଉ ସବୁ ଯେତେଅଛି ଜଞ୍ଜାଳ ଯନ୍ତ୍ରଣା। ମୁଁ, କଲମକୁ ସାଥୀକରି, ନିଜ ଡାଏରୀ ପୃଷ୍ଠାରେ କବିତାକୁ ନେଇ ମନକଥା ସବୁ ଲେଖିଦିଏ। ସେସବୁକୁ ସଜାଡ଼ି ଏକାଠି କରି ଆଜି ଏଇ କବିତା ସଂକଳନ। ଭାବ ଓ ଭାଷାକୁ ଭଲଭାବେ ମାପିଚୁପି ବ୍ୟବହାର କରିବାର ଚେଷ୍ଟା କରିଛି। ମୁକ୍ତ ବିହଙ୍ଗ ଭଳି ମୁକୁଳିଯାଏ। ଖୋଲା ଆକାଶ ତଳେ ଉଡ଼ି ଉଡ଼ି ଯାହା ଦେଖୁଛି ତା' ଲେଖୁଛି। ଏସବୁ କବିତା ମୋ ଅନୁଭବର କଥା। ଆଶାକରେ ଏ କବିତାସମୂହ ମୋ ପ୍ରିୟ ପାଠକ ପାଠିକାଙ୍କ ହୃଦୟକୁ ସ୍ପର୍ଶ କରିବ।

ଲକ୍ଷ୍ମଣ କୁମାର ସାହୁ

ଉପକ୍ରମ

ପ୍ରତିଟି ପୀଡ଼ାର ଏକ ଛନ୍ଦ ଅଛି । ପ୍ରତିଟି ଛନ୍ଦର ସ୍ପନ୍ଦନ, ପ୍ରତିଟି ଅଭିବ୍ୟକ୍ତି ପଛରେ ଅଛି ଦୀର୍ଘ ସମୟର ଏକ ନିରବ ନିଃଶ୍ୱାସ । ପ୍ରତିଟି ଚେତନା ପଛରେ ପ୍ରଲମ୍ବିତ ସୁଷୁପ୍ତିଟିଏ ଥିଲା ପରି, ପ୍ରତିଟି କବିତା ପଛରେ ଥାଏ ବର୍ଷ ବର୍ଷର ନିଶ୍ଚଳ କଳରୋଳ ।

ଅନେକ ବିବଶତା, ଆନନ୍ଦ ନିରାନନ୍ଦକୁ ବହୁଦିନ ଧରି ଅବଦମିତ କରି ରଖି ନ ପାରିବାର ଅସହାୟତା ଏବଂ ସେ ଅସହାୟତାର ଆତ୍ମିକ ଏବଂ ନାନ୍ଦନିକ ନିଷ୍କୃତି ଭିତରୁ ଜନ୍ମ ନେଇଥାଏ କବିତା, ମୋର ପ୍ରିୟ ବନ୍ଧୁ ଡକ୍ଟର ଲକ୍ଷ୍ମଣ କୁମାର ସାହୁଙ୍କ କବିତା ପୁସ୍ତକ 'ଅନ୍ୟ ଅନନ୍ୟା' ପଛରେ ରହିଛି ଏମିତି କିଛି ଦୀର୍ଘଦିନର ସୁଷୁପ୍ତି ଓ ଜାଗରଣର କଥା । ମୁଁ ଖୁବ୍ ନିକଟରୁ ସେ ନିଶ୍ଚଳତା, ଅସ୍ଥିରତା ଓ ଉନ୍ମେଷ ପର୍ବକୁ ଦେଖିଛି । ତାଙ୍କ ବୃତ୍ତି ଓ ପ୍ରବୃତ୍ତି, ମେଧା ଓ ସୃଜନର ସମନ୍ୱୟକୁ ଲକ୍ଷ୍ୟ କରିଛି । ଅନେକ ସମୟରେ ସେ ପ୍ରତିଭାକୁ ପ୍ରେରିତ କରିଛି କିଛି ଲେଖିବା ପାଇଁ । ଯାହା ଖସି ଆସିଛି କେଉଁ ନିରବ ଲଗ୍ନରେ କବିତା ହୋଇ, ଏ କବିତା ପୁସ୍ତକ ସେ ପ୍ରଚ୍ଛନ୍ନ ଭାବାବୃତ୍ତର ଏକ ସର୍ଜନାତ୍ମକ ପ୍ରକାଶ ମାତ୍ର ।

କବିତା ଅକ୍ଷରରେ ନଥାଏ, ଥାଏ ଜୀବନରେ ଜିଜୀବିଷାରେ, ଚଳପ୍ରଚଳ ହେଉଥିବା ସଂବେଦୀ ମଣିଷଟିର ଦୈନନ୍ଦିନତାରେ । କେତେବେଳେ ସେ ଭାବ ଶବ୍ଦରେ ସ୍ରୋତସ୍ୱତୀ ହୋଇ ବହିବ ଜାଣିବା ଦୁଷ୍କର । ଆଶ୍ୱାସନାର କଥା, କବି ଡକ୍ଟର ଲକ୍ଷ୍ମଣ କୁମାର ସାହୁ ଏ ରୋମନ୍ଥନକୁ, ଏ ଅନ୍ତଃସ୍ରୋତକୁ ରୋକି ପାରିନାହାନ୍ତି, ନିଜ ଭିତରେ । ଡେରିରେ ହେଉପଛେ ପ୍ରପାତ ପରି ଏହା ଫିଟି ଆସିଛି । ଗଭୀର ପ୍ରତ୍ୟୟରେ ଅପୂର୍ବ ଆତ୍ମସନ୍ତୋଷରେ । ଜୀବନରେ ଅନୁଭବିଥିବା ଅନେକ କଥା ଭିତରୁ ସେ ଗୋଟେଇ ଆଣିଛନ୍ତି କିଛି ସ୍ମୃତି, କିଛି ଶୈଶବ, ଆଲୋକ, ଅନ୍ଧାର, ଛାୟାଚ୍ଛନ୍ନତା, ସ୍ୱପ୍ନ, ଦୁଃସ୍ୱପ୍ନ ଆଉ କିଛି ଉଜ୍ଜ୍ୱଳ ଉପଲବ୍ଧି । ତାଙ୍କ କାବ୍ୟ ମାତ୍ରାରେ ସେ ଶୁଣି ପାରିଛନ୍ତି ସଞ୍ଜ ଅନ୍ଧାରରେ ମହୁମାଛିର ଶୋଇଯିବା ପୂର୍ବର ଗୁଣୁ ଗୁଣୁ ଘୁମନ୍ତ ଆକାଶର ସ୍ୱର, ଦେଖିଛନ୍ତି ସେହି

ଛାୟାଚ୍ଛନ୍ନ ବରଗଛରେ ଲଟକି ରହିଥିବା ଛିଣ୍ଡା ଗୁଡ଼ିର ଅସହାୟତା, ଅନେକ ଅକୁହା ଓଠର ନିଃଶବ୍ଦତା । ଜୀବନର ଛାଇରେ ବସି ବସି ବାହାରର ଆଲୋକ ଓ ସତ୍ୟର ପ୍ରତିବିମ୍ବିତ ରୂପଟିକୁ ବି ସେ ଦେଖିପାରିଛନ୍ତି । ଲାଗୁଛି ଯେମିତି ପ୍ଲାଟୋଙ୍କର ରହସ୍ୟମୟ ଗୁମ୍ଫାର ଉପଲବ୍ଧି ଭିତରେ ସେ ଯେମିତି ଜୀବନକୁ ଚିହ୍ନନ୍ତି । ସେ ଭାବନ୍ତି ଜୀବନ ଯେମିତି ଅନ୍ଧାରରେ ଫୁଟିଥିବା ଫୁଲ । ଭୋକ-ଭୟ, ହସ-କାନ୍ଦ, ଫୁଲବଣ ଓ ଲମ୍ବିଆସିଥିବା ଗୋଟେ ଦୀର୍ଘ ନଈକୂଳ । ସେ ଯାହାହେଉ 'ଅନ୍ୟା ଅନନ୍ୟା'ର କବିତା ଗୁଡ଼ିକର ବିଶେଷତ୍ୱ ହେଲା ଏହା ଅନେକ ସ୍ମୃତିର ସୁନ୍ଦର ସ୍ୱାଗତ । କଥା ହେଲା କବିଟିଏ କିଭଳି ନିଜ ସାଙ୍ଗରେ ବାର୍ତ୍ତାଳାପ କରୁଛି ତା'ର ବିଶିଷ୍ଟତା ହିଁ ବଡ଼ କଥା ।

ଏ ଆତ୍ମାଳାପ ଯଦି ସରସ ସୁନ୍ଦର, ରସାସିକ୍ତ ହୁଏ, ସୃଜନ ଆନନ୍ଦ ଟିକକ ବ୍ୟକ୍ତିରୁ ଗୋଷ୍ଠୀକୁ ସଞ୍ଚରିଯାଏ । ସୃଜନ ସାର୍ଥକ ହୁଏ ।

ଖୁସିର କଥା ଡକ୍ଟର ସାହୁଙ୍କ ଭିତରୁ ସ୍ରବୀ ଆସିଥିବା ଭାବାବେଗ ଅନେକ ସ୍ୱଧର୍ମା, ସମକର୍ମାଙ୍କୁ ଆପ୍ଳୁତ କରିବାର କ୍ଷମତା ରଖେ । ଅନେକ ବୃତ୍ତିଗତ ବାଧ୍ୟବାଧକତାରୁ ମୁକୁଳି ଆସି ଭାସମାନ ହେବା, ଭାବସିକ୍ତ ହେବା କବିତାରେ କିଛି କମ୍ କଥା ନୁହେଁ । ଏତେ କାମ କରିବାକୁ ଥିବା ସତ୍ତ୍ୱେ ସେ କବିତା ଲେଖିଛନ୍ତି ଏବଂ ତା' ଆନନ୍ଦରେ ଆର୍ଦ୍ର ହୋଇଛନ୍ତି । ତାହାହିଁ ଅଭିନନ୍ଦନୀୟ, ଲକ୍ଷଣୀୟ ।

ଏହି ଅବସରରେ ଦୁଇପଦ ଲେଖିଦେବା ଛଡ଼ା ଆଉ କ'ଣ କରାଯାଇପାରେ ଅଧିକା ।

– ବିପିନ୍ ନାୟକ

ସୂଚିପତ୍ର

ଚଢ଼େଇ	୧୩
ସବୁ ମୁଖା ପିନ୍ଧା ଲୋକେ	୧୫
ଚୋରା ବାଲିରେ	୧୭
ଚଉମୁହାଁଣି	୧୯
ନୌକାଯାତ୍ରା	୨୧
ତୁମେ ସିନା ଚାଲିଗଲ	୨୩
ଶେଷଥର ପାଇଁ	୨୫
ଦେଖ ଏ ସକାଳକୁ	୨୭
ତୁମ ପିଲାଦିନ	୨୯
ସମୟର ଖେଳ	୩୧
ମୋ ଉଦାସ, ଝଡ଼ର ଜାହାଜ	୩୩
ତୁମେ ଏକ ଭିନ୍ନ ମନ୍ତ୍ର	୩୫
ଗୁଡ଼ିର ଦୁଃଖ	୩୭
ଶୋଷ କାହାର ନାହିଁ	୩୯
ସବୁ ଚୁଲିରେ ଅଛି	୪୧
ଦୁଃଖ-କାହାର ନାହିଁ	୪୨
ଡେରି କଲେ ଆସିବାକୁ	୪୪
ଛାଇର ଅନେକ ରୂପ	୪୬
ଶୁଭ-ଅଶୁଭ ମୁହୂର୍ତ୍ତ	୪୮
ଖୋଜିବା ଭିତରେ ନାଁ	୫୦
ବିଶ୍ୱାସରେ	୫୨
ଆଖି	୫୪
ପାହାଚ	୫୬
ପିଲାଦିନ	୫୮
ଧର୍ମ କହିଲେ	୬୦
ତୁମେ ଆସିବ ବୋଲି	୬୨
ଘୁଙ୍ଘୁର	୬୪
ଗଲାବେଳେ ଛାଡ଼ିଦେଇ ଗଲେ	୬୬
ଏକାନ୍ତରେ	୬୮
ଦୂରତା	୭୦
ସଞ୍ଜବେଳ	୭୨
ଅଦିନ ବର୍ଷା	୭୪
ରାସ୍ତା	୭୬
ଅନୁଭବ	୭୮
ସୂର୍ଯ୍ୟାୟନ	୮୦
ଛଦ୍ମବେଶ	୮୧

ଶବ୍ଦ	୮୨
ଅନ୍ଧାର	୮୪
ବହୁତ ଖୋଜିଲା ପରେ	୮୫
ଶର	୮୭
ସ୍ୱପ୍ନ	୮୮
ମୁଁ ତ ଅନୁଗତ	୯୦
କୃତଜ୍ଞ ଦର୍ପଣ	୯୨
ଚିଠି	୯୪
ନଈ ଠୁ	୯୬
ସାଙ୍ଗ	୯୮
ଅଜ୍ଞାତବାସ	୧୦୦
ଜହ୍ନର ଦୁଃଖ	୧୦୨
ସ୍ୱପ୍ନରେ ଛାଇରେ	୧୦୪
ଦିବ୍ୟ ପ୍ରତିବିମ୍ବ	୧୦୬
ଯେଉଁଠି ଆକାଶ ସରେ	୧୦୮
ଛାଇ କୋଳରେ	୧୧୦
ସେଦିନ ଦେଖାପରେ	୧୧୨
ଚିଠି	୧୧୪
ଜୀବନ	୧୧୬
ଦାବାଗ୍ନି	୧୧୮
ଏକାନ୍ତରେ	୧୨୦
ହାତ	୧୨୨
ପିଲାଦିନର ଗାଁ	୧୨୪
ମୁଁ ଯଦି ଜାଣିଥା'ନ୍ତି	୧୨୫
ସୁନାର ହରିଣ	୧୨୭
ବିରହ	୧୨୯
ଅନ୍ଧାରର ଆଲୁଅ	୧୩୦
କେତକୀ	୧୩୨
ବର୍ଷା ରାତିର ଅନ୍ଧାର	୧୩୪
ଭାଗ୍ୟ	୧୩୬
ଭେଟି	୧୩୮
ନଈ	୧୪୦
ଠେକୁଆ	୧୪୨
ଜୀବନ ଜଞ୍ଜାଳ	୧୪୪
ହାତ ମୁଠା	୧୪୬
ଅନନ୍ୟା	୧୪୮
ପବନର ସ୍ୱର	୧୫୦

ଚଢ଼େଇ

ଗଛ ଡାଳରେ ଅନ୍ଧାର ସାଙ୍ଗରେ
ରାତି କାଟିଥିବା ଚଢ଼େଇଟି
ନିଃସଙ୍ଗ ଉଡ଼ିବୁଲୁଛି,
କୁଣ୍ଠିତ ମନରେ, ଗୁଣୁଗୁଣୁ ଗୀତର ଆଖିରେ
ସେ କ'ଣ ଜାଣେ ସ୍ୱପ୍ନ କି କାକଳି
ଦିନେ ଲିଭିଯିବ ଯନ୍ତ୍ରଣାର ଲହରୀରେ
ଚାରିଆଡ଼େ ବିଞ୍ଚି ହୋଇ ପଡ଼ିଥିବା
ଲକ୍ଷ ଲକ୍ଷ ତାରା
କିଏ ତୋଳି ନେଇଯିବ,
ସକାଳୁ ସକାଳୁ

ସେ ତ ଚଢ଼େଇଟିଏ,
ପର ହଲାଇ ଉଡ଼ି ଜାଣେ
ବସିପାରେ, ତାର ବାଡ଼ ବତିଖୁଣ୍ଟରେ
ଛମ୍ ଛମ୍ ଜହ୍ନରାତି
ନିଝୁମ-ନିର୍ଜନ ଦ୍ୱୀପ
ସବୁ ସମାନ ତା' ପାଇଁ
ଉଧାର ଆଣିଥିବା ପ୍ରେମ ପରି
ସେମାନେ ଖାଲି
ଅନାଇ ବସନ୍ତି ପରସ୍ପରକୁ

ବେଳେବେଳେ ଅଣ୍ଟରେ
ଅଣ୍ଟ ମିଶାଇ ଗପନ୍ତି ।
ଚଢ଼େଇ ଜାଣିନି, ଏ ଯାଏ ପ୍ରେମ କ'ଣ,
କେମିତି କିଣା ବିକା ହୁଏ ମନ
ସେ ତ ଖୁମ୍ପି ଚାଲିଥାଏ
ଧୂଳିର ଚଟାଣ
ଆକାଶକୁ ଦୁଇ ଖଣ୍ଡ କରି ଉଡୁଥାଏ,
ଆଲିଙ୍ଗନ କରୁଥାଏ ଉନ୍ମାଦ ପବନ !

■

ସବୁ ମୁଖା ପିନ୍ଧା ଲୋକେ

ସବୁ ମୁଖା ପିନ୍ଧା ଲୋକେ
ଛଦ୍ମ ବେଶରେ ବୁଲୁଥା'ନ୍ତି
ରଖିଥା'ନ୍ତି ଭିନ୍ନ ଭିନ୍ନ ମୁଖା
ପ୍ରେମ ପାଇଁ, ପ୍ରତାରଣା ପାଇଁ
ସଞ୍ଜ ପାଇଁ, ରାତି ପାଇଁ
କୁମାରୀ ମାନଙ୍କ ଆଖିରୁ
ସ୍ୱପ୍ନ ଲିଭାଇବା ପାଇଁ
ପାହାଡ଼ ଚଢ଼ନ୍ତି ଛଳନାରେ
ହଜିଯାଆନ୍ତି, ଗହଳିରେ
ଅତି ସହଜରେ।

ସବୁ ମୁଖା ପିନ୍ଧା ଲୋକେ
ଓଠରେ ହସ, ଆଖିର ଲୁହ
ମନର ଦୁଃଖକୁ ଚାପିରଖି
ଅଚିହ୍ନା ଭଳି ଚାଲନ୍ତି
ଦର୍ପଣ ବି ଚିହ୍ନି ପାରେନା ତାଙ୍କୁ
ସେମାନେ ତ ଘର ଭିତରେ
ଲୁଚେଇ ଥାଆନ୍ତି, ନିଜର ଚେହେରା
ରାସ୍ତାରେ ବୁଲନ୍ତି,
ଚୋରା ଚାହାଣୀରେ, ନିଜର ଛାଇରେ।

ଏକଲା, ଏକଲା
ସବୁ ମୁଖାପିନ୍ଧା ଲୋକେ
ଖସି ଆସନ୍ତି, କୌଶଳରେ
ଅଦୃଶ୍ୟ, ଭିଡ଼ ଭିତରୁ
ଚିରା, ଫଟା, କାକୁସ୍ଥ ସ୍ୱପ୍ନଙ୍କୁ ଗୁନ୍ଥି
ମିଛ ପ୍ରତିଶ୍ରୁତିରେ
କଙ୍କଣ ବିକନ୍ତି
ଏମାନେ ଗହଳ
କାନ୍ଦଣାର କଣ୍ଟାବଣ
ଅଧା ଜଳି ଲିଭିଥିବା
ଏକ ଅଙ୍ଗାର ଅରଣ୍ୟ !

■

ଚୋରା ବାଲିରେ

ଦେଖ ମୁଁ ମୋ ପିଠିରେ
କେମିତି ବୋହୁଛି
ଦୁଃଖର ପାହାଡ଼
ମୋ ମୁଠାରେ, ମିଠା ମିଠା, ମୋହ
ଆଖିରେ ଅଜଣା ସୂର୍ଯ୍ୟାସ୍ତ
ଝଡ଼ର ଡେଣାରେ
ବାନ୍ଧିଦେଇଛି ଧୂଆଁଳିଆ ଅଦେଖା ମୁହୂର୍ତ୍ତ।

ଚୋରାବାଲିରୁ ଗୋଟଉଛି,
ସ୍ମୃତିର ଶାମୁକା,
ହସଉଛି, ହଜିଯାଇଥିବା
ଛୋଟ ଛୋଟ ମୁହୂର୍ତ୍ତର ଡଙ୍ଗା
ମୁଁ ତ ଚିହ୍ନା-ଅଚିହ୍ନା
ଲୋକମାନଙ୍କୁ ଧାଡ଼ିରେ ବସାଇ
ପରଷୁଛି ଅପରାହ୍ଣ ଛାଇର କାନ୍ଦଣା।

ଯୌବନର ସବୁ ମୁହୂର୍ତ୍ତଙ୍କୁ
ମୁଁ ତ ଝୁଲାଇ ଦେଇଛି,
କାନ୍ଥମାନଙ୍କରେ
ସକାଳ ସୂର୍ଯ୍ୟଙ୍କୁ ବାନ୍ଧିଦେଇଛି

ଝରକା ଫାଙ୍କରେ
କୁନି କୁନି, ସବୁ ଚଢ଼େଇଙ୍କୁ
ବସେଇଦେଇଛି, ଛାତ ଉପରେ ।
ଭିଜିଯାଇଥିବା ପ୍ରେମକୁ
ଚିପୁଡୁଛି, ଭିଜା ଆଖିର କାନିରେ

ମୁଁ ତ ଭୁଲି ଯାଇଛି ମୋ
ପୁରୁଣା ଠିକଣା
ରାତି ଅଧରେ ଶୁଭେ ଖାଲି
ଅନ୍ଧାରର କରୁଣ କାନ୍ଦଣା !

■

ଚଉମୁହାଁଣି

ତୁମେ ସିନା ବାଟ ଭାଙ୍ଗି ଚାଲିଗଲ
କଥା ପଦୁଟିରେ,
ବୁଡ଼ିଗଲା ସୂର୍ଯ୍ୟ
ବାଦଲ ଛାଇରେ ମାଡ଼ି ଆସିଲା ଅନ୍ଧାର
ଦେଖ ଏଠି କଣ୍ଟାର ମୁକୁଟ ପିନ୍ଧି
ମୁଁ କେମିତି ଚୁମି ଯାଉଛି
ତୁମ ପ୍ରତିଛବି
ସମ୍ପର୍କର ଶୀତଳ ପୃଥିବୀ ।

ଟାଙ୍ଗି ଦେଇଛି, ମୋ ସ୍ମୃତି ସବୁ
ଶୋଇବା ଘର କାନ୍ଥରେ
ତୁମ ସାରା ଦେହର ସମ୍ମତି
ଆଖି ଓଠର ସ୍ୱୀକୃତି
ଝୁଲୁଛି ସେମିତି ତୁମ
ଇଚ୍ଛାଙ୍କ କୋଳରେ
ସ୍ମୃତିର ଛାଇରେ ।

କେବେ ପୁଣି ପ୍ରଜାପତି
ଉଡ଼ିବେ ମୋ ଚୁପଚାପ
ସକାଳ ଖରାରେ

ତରଳିଯିବ ଆକାଶ
ବର୍ଷା ହେବ
ବାଦଲ ଆଖିରେ ପୁଣି
କଅଁଳିବ ପକ୍ଷୀଙ୍କର କଳରବ
ଉଡ଼ିଯାଇଥିବା ପକ୍ଷୀ
ଫେରି ଆସିବ ଗଛକୁ
ସଞ୍ଜବେଳେ
ମୁଁ ଅପେକ୍ଷା କରିଥିବି
ପୁରୁଣା ରାସ୍ତାର ଚଉମୁହାଁଣିରେ
ଢଳଢଳ ଲୁହର ଆଖିରେ ।

ନୌକାଯାତ୍ରା

ଆସ ମୋ ନୌକାରେ ବସ
ହାତରେ ଧରିଥା ତୁମ
ନିଜ ନିଜ ପ୍ରେମପତ୍ର
ତାକୁ ପଢ଼ି ତା' ଭିତରେ ଖୋଜ
ତୁମ ସ୍ପର୍ଶରେ ଝାଉଁଳି ଯାଇଥିବା
ପ୍ରେମିକା ଆଖିର କଢ଼
ଶଙ୍ଖ ମଲମଲ ଅତୀତକୁ
ସେଠି କେମିତି ଥିଲା
ନିଃଶ୍ୱାସରେ ଝଡ଼
ଦିଗହରା ଉଲ୍‌କାର ବିଦ୍ରୋହ
ଏବେ ସେଠି ଚିରାମିରା
ଚିଠିର ପୁରୁଣା କାଗଜ ସବୁ
ଘର ସାରା ଧୂଳି ଆଉ ବୁଢ଼ିଆଣୀ ଜାଲ
ସେ ଠିକଣାରେ ଥିବ ଏବେ
ଭଙ୍ଗାରୁଜା ଘରଟିଏ।
ସବୁ ଭୁଲି ଏ ଡଙ୍ଗାରେ ବସ
ଯିବା ଆମେ ପରବର୍ତ୍ତୀ ଠିକଣାକୁ !
ନଈ ସେ ପାରିକୁ
ଇଏ ନୌକା ନୁହେଁ ନାରାୟଣୀ
ସ୍ନାନ କରିବାକୁ ଯାଉଛି ତ୍ରିବେଣୀ

ସେଠି ଋଷି ମୁନି କାପାଳକ
ପ୍ରେମର ଧୋକାରେ ଘରଛାଡ଼ି
ମୁଣ୍ଡରେ ଚନ୍ଦନ ଦେହରେ ବିଭୂତି
ମଉଳା ଫୁଲ ମାଳରେ
ତୀର୍ଥରୁ ତୀର୍ଥ ବୁଲନ୍ତି

କଣ୍ଟା ଗଛର ଡାଳରେ
ଟାଙ୍ଗି ଦେଇ ନିଜର ଶବକୁ
ଯିଏ ଦିନେ କହୁଥିଲା
ପ୍ରେମହିଁ ଜୀବନ
ଶ୍ମଶାନକୁ ଚାହିଁ, ଏବେ କାଟୁଚି ଦିନ।

■

ତୁମେ ସିନା ଚାଲିଗଲ

ତୁମେ ସିନା ଚାଲିଗଲ ବାଟ ଭାଙ୍ଗି
କଥା ପଦୁଟିରେ
ବୁଡ଼ିଗଲା ସୂର୍ଯ୍ୟ
ମାଡ଼ି ଆସିଲା ଅନ୍ଧାର
ବାଦଲ ଛାଇରେ
ଦେଖ ଏଠି ମୁଁ କେମିତି
କଣ୍ଟାର ମୁକୁଟ ପିନ୍ଧି
ଚୁମି ଯାଉଛି ପ୍ରତିଛବି
ଟାଙ୍ଗି ଦେଇଛି ତୁମ ସ୍ମୃତି
ଶୋଇବା ଘର କାନ୍ଥରେ
ସେଠି ତୁମ ସାରା ଦେହର ସମ୍ମତି
ଓଠ-ଆଖିର ସ୍ୱୀକୃତି
ଝୁଲୁଛି ସେମିତି ଆଜି
ଇଚ୍ଛାଙ୍କ କୋଳରେ
ଶୋଇ ଶୋଇ ସ୍ୱପ୍ନ ଦେଖୁଛି ମୁଁ
ସେ ସ୍ମୃତିର ଜହ୍ନ ଆଲୁଅରେ ।

ଏବେ ମୋ ପାଖରେ
ବସ୍ତା ବସ୍ତା ଅତୀତର ରାତି,
କାଗଜ ଟୁକୁଡ଼ା ପରି

ପଡ଼ିଥିବା ସବୁଯାକ ଚିଠି
ଆକାଶରେ ତାରାମାନେ
ନିଶ୍ଚୁପ୍ ଜଳନ୍ତି
ଝରକା ଫାଙ୍କରେ ଜହ୍ନ
ଦର୍ପଣରେ ଜହ୍ନ ଦେଖି
ଫେରିଯାଏ ନିରାଶାରେ
ମୋ ମନର ସମସ୍ତ ଲହରୀ
ବନ୍ଧା ପଡ଼ିଛି ତୁମ
ଚାହାଣିର ସବୁ ପାହାଚରେ
କେବେ ପୁଣି ପ୍ରଜାପତି
ରଙ୍ଗବୋଳି ଉଡ଼ିବେ ମୋ
ଫୁଲ ସକାଳରେ
ତରଳି ଯିବ ଆକାଶ
ବର୍ଷା ହେବ
ବାଦଲ ଆଖିରେ ପୁଣି
କଅଁଳିବ ପକ୍ଷୀଙ୍କର କଳରବ
ହଠାତ୍ ଶଙ୍ଖଚିଲଟି
ବସିଯିବ ମୋ ଛାତରେ
ମୋ ଶ୍ୱାସରୁଦ୍ଧ କୋଠରୀରେ
ତୁମେ ଆସିଯିବ,
ଝୁମ ଝୁମ ପାଉଁଜି ଶବ୍ଦରେ
ମିଞ୍ଜି ମିଞ୍ଜି ଜହ୍ନ ଆଲୁଅରେ !
ତରଳିଯିବ ଆକାଶ
ତୁମ ଇସାରାରେ ।

■

ଶେଷଥର ପାଇଁ

ଆମେ ପଛରେ ରହିଗଲେ
ସେମାନେ ଚାଲୁଥିଲେ ଆଗକୁ ଆଗକୁ
ଶବ ବୋହି ବୋହି,
ବୋଧେ ଯାଉଥିଲେ ଶ୍ମଶାନକୁ
ମୁହଁ ସଞ୍ଜରେ
ସୂର୍ଯ୍ୟ ବୁଡ଼ିଲା ପୂର୍ବରୁ
ଶୋକରେ ଭାସିବ ଶ୍ମଶାନ
ଦୁଃଖରୁ ଯନ୍ତ୍ରଣାରୁ
ସଦ୍ୟ ମୁକ୍ତି ଯାଇଥିବା, ମଣିଷଟି
ଦୁଃଖ ଭରା ଅରଣ୍ୟରେ
ଏକାକୀ ହରିଣୀ ପରି
ଜାତି-ଗୋତ୍ର-ଯନ୍ତ୍ରଣାରୁ ମୁକ୍ତି ପାଇ
ନିଶ୍ଚଳ ନିଆଁରେ
ଶୋଇଯିବ ଶେଷଥର ପାଇଁ।

ଶେଷଥର ପାଇଁ
ବୁଡ଼ିଛି ଫୁଲରେ
ଦେହସାରା ସଫେଦ ଚାଦର
ଧୂପ, ଚନ୍ଦନରେ
ମହମହ ବାସୁଛି ସେ

ଲୁହ ଆଉ ନିଆଁରେ ଜଳିବ
ବନ୍ଦ ହୋଇଯିବ ସବୁ
ସ୍ନେହର କବାଟ,
ଟୋପା ଟୋପା ଲୁହରେ
ଧୋଇଯିବ ଜୀବନ ଯାକର ପାପ
ଶେଷଥର ପାଇଁ ଉଡ଼ିଯିବ ତାର
ଆତ୍ମାର କପୋତ
ବୁଡ଼ିଯିବ ସଂପର୍କର
ଚିତ୍ରିତ ବୋଇତ ।

ଦେଖ ଏ ସକାଳକୁ

ଦେଖ କେମିତି ଏ
ସକାଳ ଆସୁଛି
ପାଟ ପଟୁଆରରେ
ସମୁଦ୍ର ଲହରୀ ଭିତରୁ
ସୂର୍ଯ୍ୟ ଆତ୍ମସମର୍ପଣ
କରି ଦେଉଛି
ଯୁଦ୍ଧ ଘୋଷଣା ପୂର୍ବରୁ
ସବୁ ଶଙ୍ଖରେ ନିନାଦ
ସକାଳ ଆଉ ଖରା
ପରସ୍ପରକୁ ଗଳାରେ
ଲଗାଇବା ପୂର୍ବରୁ
ପକ୍ଷୀମାନେ ଉଡ଼ିଲେଣି
ମଥାନ ଉପରେ
ଛାଇ ସବୁ ହାତ ହଲେଇ
ଚାଲିଲେଣି ।
ଗାଁ ଦାଣ୍ଡ, କାଦୁଅ ରାସ୍ତାରେ
ଗୁଡ଼ି ଉଡ଼ଉଥିବା, ପିଲାର ଦେହରେ
କଅଁଳି ଯାଉଚି ଡେଣା
ସକାଳ ଡଙ୍ଗାରେ ବସି
ନଦୀ ପାର ହେବାକୁ ଯାଉଛି

ପବନ ଚହଟା ବାସ୍ନା
ଜୁଡୁବୁଡୁ ସ୍ୱପ୍ନରେ
ପିଲାଟି ଧାଉଁଛି ସ୍କୁଲ
କବାଟ କଣରେ,
ଲୁଚାଇ ଦେଇଛି ତା'ର ସ୍ନେହର ଖେଳନା।
ଚାଷୀ କାନ୍ଧରେ ଲଙ୍ଗଳ
ସକାଳର ପଖାଳରେ
ଓଠରୁ ଝରୁଛି ତା'ର,
ଗୁଣୁଗୁଣୁ ଗୀତର ଗୁଞ୍ଜନ
କୁନି ପିଲାଟି
ନିର୍ମାୟା ମନରେ ତାକୁ
ତା' ପ୍ରିୟ କଣ୍ଢେଇ ଯାଚୁଛି
ସକାଳ କହୁଛି
ତୁ-ଖେଳୁଥା-ମୁଁ ଯାଉଛି
ଫୁଟି ନ ଥିବା ଫୁଲଟି
ସ୍ୱପ୍ନରେ ହସୁଛି।

■

ତୁମ ପିଲାଦିନ

ତୁମ ପିଲାଦିନ
ଏବେବି ଟଙ୍ଗା ହୋଇଛି
ସେମିତି ଆମ କାନ୍ଥରେ
ତୁମ ପ୍ରିୟ ସମସ୍ତ ଖେଳନା
ଆଜି ବି ଖେଳୁଛନ୍ତି
ତୁମରି ସେ ବନ୍ଦ କୋଠରୀରେ ।

ନିରବ ସନ୍ଧ୍ୟାରେ
କାହାର ଶବ୍ଦରେ
ହଠାତ୍ ଚମକି ପଡ଼େ
ଉଠି ଦାଣ୍ଡକୁ ଅନାଏ
ପିଲାମାନେ କିଏ ଆସିଗଲେ କିରେ ?
ଗଲାବେଳେ ତ ସବୁକିଛି ନେଇଗଲ
ପଢ଼ିଥିବା ଡିଗ୍ରୀ
ଜାତକ ଓ ରାଶି-ନକ୍ଷତ୍ର
ଏପରି ତୁମ ହାତରେ ଲେଖି ଦେଇଥିବା
ଆମ ଭାଗ୍ୟଚକ୍ର
ତୁମେ ଗଲାଦିନ
ତୁମ ହାତରେ ଢାଳିଦେଲି
ଆଞ୍ଜୁଳାଏ ଭବିଷ୍ୟତ
ଆଉ ମୋର ବିବଶ ପିତୃତ୍ୱ ।

ଧରିବାକୁ ନାହିଁ ଏବେ ହାତ
ପ୍ରତିଧ୍ୱନି ହୋଇ ବୁଲେ
ତୁମ ସହ ବିତିଥିଲା ଦିନ
ସେ ବନ୍ଦ କୋଠରୀରେ
ସେମିତି ସାଇତି ରଖିଛି
ତୁମ ସ୍ମୃତି ତୁମ ପିଲାଦିନ
ସ୍ୱପ୍ନର ଫଗୁଣ ।

■

ସମୟର ଖେଳ

ପିଲାଦିନ ଆସିଲା ଓ ଗଲା
କଣ୍ଢେଇ ଖେଳନା
ନେଇ ଚାଲିଗଲା
ଆଉ ମଧ୍ୟ ନେଇଗଲା
ଦାଣ୍ଡର ସେ ବାଲିଘର
କୋମଳ କୌତୁକ
ସମୟ ଗନ୍ଧରେ ବାସୁଥିବା
ମିଠା-ମିଠା ସ୍ୱପ୍ନ,
ସାରୁ ପତ୍ରରୁ,
ପ୍ରଜାପତିଙ୍କର ଗୀତ
ହାଲୁକା ପବନରେ
ପିଲାଦିନ ନେଇଗଲା
ବନ୍ଧୁଙ୍କର କାତର ବିଶ୍ୱାସ ।

ପିଲାଦିନ ଦ୍ୱାର ବନ୍ଦ କରୁକରୁ
ଖୋଲିଗଲା ଆଉ ଗୋଟେ ଦ୍ୱାର
ଯୌବନର ସଫେଦ ଜୁଆର
ଓଠରେ ହସ
ଆଖିରେ ତୃଷାର୍ତ୍ତ ଆକାଶ
ହାତକୁ ହାତ ଛୁଇଁଲା

କା’ ଆଖିର
ପ୍ରଥମ ବର୍ଷାରେ
ଭିଜିଗଲା ଦେହ ମନ
ଗୋଟେଇଲି ବସି ବସି
ସବୁ ଯାଯାବର ସ୍ୱପ୍ନ
ଏବେ ମୋ ମୁଣ୍ଡ ଉପରେ
ଉଦାସ ବାର୍ଦ୍ଧକ୍ୟ
ମିଟି ମିଟି ତାରାଙ୍କର
ନିଶ୍ଚୁପ ସଂଳାପ
ଗଣି ଗଣି ଚଢୁଛି ମୁଁ
ଅବଶିଷ୍ଟ ଦିନର ପାହାଚ,
ଉଲ୍‌କାଟିଏ ଖସିଗଲେ
ଅକସ୍ମାତ୍ ବୁଡ଼ିଯିବ ବେଳ
ମାଡ଼ି ଆସିବ ସମୁଦ୍ର
ସରିଯିବ ସମୟର ଖେଳ
ଶୁଭିବନି ଝିଙ୍କାରୀର ସ୍ୱର ।

■

ମୋ ଉଦାସ, ଝଡ଼ର ଜାହାଜ

ମୁଁ ସେଦିନ
ଛନ୍ଦି ହୋଇ ଯାଇଥିଲି
ଶୂନ୍ୟରେ ପହଁରୁଥିବା
ତୁମ ଆଖିର ସ୍ୱପ୍ନରେ
ହଜାଇ ଦେଇଥିଲି ମୁଁ
ତୁମ, ନଈରେ କାତ
ଭାରି ସଭାରେ ମତ
ଆତ୍ମୀୟତାର
ଅଶ୍ରୁତ ସଂଗୀତ ।

ଚଢ଼ିବା ଓହ୍ଲେଇବାରେ
ପାହାଡ଼ ସାଙ୍ଗ ଦିଏନା
ଗିରିଶୃଙ୍ଗକୁ ଧ୍ୱଜା
ନିଜକୁ ନେବାକୁ ହୁଏ
ନିଜେ ଖଞ୍ଜିବାକୁ ପଡ଼େ
ସ୍ୱପ୍ନଙ୍କ ଡେଣାରେ ରଙ୍ଗ
ବିବସ୍ତ୍ର ବିହଙ୍ଗ
ନିଜକୁ ହଜାଇ ଦେଇ
ଫୁଟି ନଥିବା ଫୁଲଙ୍କ ଡାଳରେ
ଘର ବାହୁଡ଼ି ଆସନ୍ତି

ଚିହ୍ନା ଅନ୍ଧାରରେ
ତୁମ ହାତରେ ଦେଇଥିଲି ସେଦିନ
ଉଧାର ବର୍ଷାର ହାତ
ଖିଲିଖିଲି ହସୁଥିବା
ଫୁଲର ବସନ୍ତ
ସ୍ୱପ୍ନ ଭରା ଖରାବେଳ
ଅକସ୍ମାତ ମିଳିଗଲା ମତେ
ବହୁଦିନୁ ହଜିଥିବା
ଉଦାସ ପାଉଁଜି
ବୁଡ଼ିଯାଇଥିବା
ମୋ ଉଦାସ, ଝଡ଼ର ଜାହାଜ
ସୁରଭିତ-ଇଚ୍ଛାର କଦମ୍ବ ।

■

ତୁମେ ଏକ ଭିନ୍ନ ମନ୍ତ୍ର

ମୁଁ ଜାଣି ପାରେନା
ତୁମେ କେଉଁ ଡାଳର ଫୁଲ
କେଉଁ ନଈର ପାଣି
ଏକା ସଙ୍ଗେ ବଜାଇପାର
ବଂଶୀ ଓ ବେହେଲା
ହାତ ମୁଠାରେ ଧରିଥାଅ
ଜଳନ୍ତା ଅଙ୍ଗାର
ସୁଖରେ-ଦୁଃଖରେ
ପତ୍ର ଫାଙ୍କରେ
ଝୁଲୁଥାଅ ଅଳସ ଖରାରେ
କୁନି କୁନି ଚଢ଼େଇଙ୍କୁ
ପାଖରେ ବସେଇ
ବାଣ୍ଟୁଥାଅ ଦାନା

ମୁଁ ଜାଣି ପାରେନା
ତୁମେ କୁହୁଡ଼ିଙ୍କ
କୁଆଁତାରା
ତୁମ କୋମଳ ଆର୍ଦ୍ରତାରେ
ଭିଜାଇ ଦିଅ,
ସଦ୍ୟ ପଲ୍ଲବିତ ସବୁ

କଅଁଳିଆ ପତ୍ର,
ଆଉ ଶ୍ରଦ୍ଧାର କୋରକ
ତୁମେ ତ ଗୋଟିଏ ଖୁଣ୍ଟରେ
ବାନ୍ଧିପାର ବାଘ ଓ ମୃଗୁଣୀ,

ତୁମେ ତ ନିଜେ ନିଜେ ଉଡୁଥିବା
ପ୍ରଜାପତିର ମିଠା ମିଠା ସ୍ୱପ୍ନ
ନିଜ ଇଚ୍ଛାରେ ଲୁହ ପିଇ
ବଞ୍ଚିଥିବା ଫୁଲେ ଦୂବଘାସ
କେବେ ପଦ୍ମପତ୍ରରେ
ଢଳଢଳ ଜଳ ବିନ୍ଦୁଟିରେ
ଅଜଣା ସୂର୍ଯ୍ୟୋଦୟ ତ
କେବେ ସମୁଦ୍ର ଢେଉକୁ
ଅଟକାଇ ବାଣ୍ଟୁଥାଅ
ବାଲିଙ୍କୁ ଅନ୍ଧାର
ତୁମେ ଉଲ୍‌କା
ତୁମେ ବାତ୍ୟା
ନିର୍ମେଘ ଆକାଶତଳୁ
ଅକସ୍ମାତ ବିଜୁଳି ପ୍ରବାହ ।

■

ଗୁଡ଼ିର ଦୁଃଖ

ତୁମେ କ'ଣ ଜାଣି ପାରିବ ?
ଗୁଡ଼ିର କେତେ ଦୁଃଖ
ଲୁହ ପିଇ ସେ ଲିଭାଉଛି
ଜୀବନର ସବୁଯାକ ଶୋଷ
ଆକାଶରେ ଉଡ଼ୁଥାଏ
ଦେହ ଓ ନିଃଶ୍ୱାସ
ସୂତା ଖିଅରେ ବନ୍ଧା ଥାଏ ତା'
ବଳକା ଆୟୁଷ !

ରତ ରତ ଖରାଟାରେ
ଉଡୁଥାଏ ଆକାଶରେ
ମନ କିନ୍ତୁ ଥାଏ ତା'ର
ଫୁଲ, ପତ୍ର, ପଦ୍ମ ପୋଖରୀରେ
ବାଦଲକୁ ଛୁଏଁ ସିନା
ମନ ଜୁଡୁବୁଡୁ ତା'ର
ସ୍ନେହର ନଟେଇଟିରେ
ପିଲାଙ୍କ ହାତରେ
ଆକାଶକୁ ଛନ୍ଦି ହୁଏ,
ଧାରୁଆ ମାଞ୍ଜାରେ
ଗୁଡ଼ି ଜାଣେ ପର୍ବତ ଉପରେ

ଉଡ଼ିବାର କଷ୍ଟ
ତଳେ ରହିଥାନ୍ତି ଚିଲ
କୋଇଲି ଓ କାଠହଣା
ଚଢ଼େଇଙ୍କ ଗୀତ,
କ୍ଳାନ୍ତ ଅପରାହ୍ଣ
ଯୋଗୀଙ୍କର କେନ୍ଦରାର ସ୍ୱର
ଉଡ଼େ ସିନା ଆକାଶରେ
ତଳେ କିନ୍ତୁ ପିଲାଙ୍କ ହାତରେ
ଥାଏ ତା'ର ଜୀବନର ଡୋର,

ନିଜେ ଦେଖି ପାରେନା ଗୁଡ଼ି
ନିଜ ସ୍ୱପ୍ନ, ନିଜର ଆଖିରେ
ଇଚ୍ଛାଙ୍କୁ ଗୁଛି ପାରେନା
ଫୁଟି ନଥିବା ଫୁଲ ପାଖୁଡ଼ାରେ
ଦୁଃଖ ତା'ର !
ପ୍ରଜାପତି ପରି
ନିଜ ଇଚ୍ଛାରେ ଉଡ଼ନ୍ତା
ସାରୁପତ୍ରରେ ବସନ୍ତା
ନଥାନ୍ତା କାହା ହାତରେ
ତା'ର ଜୀବନର ଡୋରି,
ନିଶ୍ଚୁପ୍ ତାରାଟି ପରି
ଜଳନ୍ତା ଲିଭନ୍ତା
ନିଜେ ନିଜେ ଇଚ୍ଛାରେ ବଞ୍ଚନ୍ତା
ମୁକ୍ତ ଚଢ଼େଇଙ୍କ ପରି
ଏ ଡାଳରୁ ସେ ଡାଳ ଉଡ଼ନ୍ତା ।

■

ଶୋଷ କାହାର ନାହିଁ

ଶୋଷ ଅଛି
ଆକାଶ - ସୂର୍ଯ୍ୟର
ଫେରି ଯାଉଥିବା ପବନର,
ପ୍ରତିବିମ୍ୱିତ ମହାସମୁଦ୍ରର ।

ଗଛମାନେ ଖରାବେଳେ
ଝାଉଁଳି ଯାଆନ୍ତି ଶୋଷରେ
ସତେଜ ଦିଶନ୍ତି
ସକାଳର କାକରରେ
ଶୋଷ ସରିଗଲେ ।

ବିଲରେ କୃଷକ
ଶୋଷକୁ ଠେକା ଭିତରେ
ସାଇତି ରଖନ୍ତି
ପକ୍ଷୀଟିଏ କଅଁଳ ଡେଣାରେ
ଶୋଷେ-ଶୋଷେ ଉଡ଼ି ଉଡ଼ି
ବସିପଡ଼େ ପୋଖରୀ ହୁଡ଼ାରେ ।

ଶୋଷରେ ଶେଷରେ
ବାଘ ଓ ହରିଣୀ ପାଣି ପିଅନ୍ତି
ଗୋଟିଏ ଘାଟରେ ।

ପାଣି ଭିତରେ ଶୋଷ
ଆଖି ଭିତରେ ଶୋଷ
ଶୁଖିଲା ମାଟିର ଶୋଷ
ସବୁ ଶୋଷ ମେଣ୍ଟେ ଯାଇଁ
ଆଷାଢ଼ର ପହିଲି ବର୍ଷାରେ
ଶୋଷ ନଥିଲେ
ନ ଥାଆନ୍ତା ଏ
ଆକାଶ ଓ ଇନ୍ଦ୍ରଧନୁ
ସୂର୍ଯ୍ୟ, ଚନ୍ଦ୍ର, ନାରୀ ଓ ଯୌବନ
ତୃଣ ଭରା ବନ-ଉପବନ
ଆତ୍ମୀୟତାରେ ବାସୁଥିବା
କାନ୍ଥର ଦର୍ପଣ ।

■

ସବୁ ଚୁଲିରେ ଅଛି

ସବୁ ଚୁଲିରେ ଅଛି
କାଠ ଖଣ୍ଡିଏର କଥା
ଆତ୍ମୀୟତା, ବିଷଣ୍ଣତା
ଜଳିଯିବାର ବ୍ୟଥା,

ଚୁଲି ତ ନିଶ୍ଚଳ ନିଆଁରେ ଜଳୁଥାଏ
ଜାଳୁଥାଏ ଦୁଃଖର ପରାଗ
ଚୁଲି ପେଟରେ ଜଳିଯାଏ ଝାଳ
ଦୁଃଖରେ ଫାଟି ଯାଉଥିବା
ଭୋକର କଷଣ
ଚୁଲି ତ
ସବୁ କଷ୍ଟର ଚନ୍ଦନ
ଜଳିଯାଉଥିବା ପେଟର
ଆଷାଢ଼, ଶ୍ରାବଣ
ଚୁଲି ନିଜ କୌଶଳରେ
ବାନ୍ଧିପାରେ ଏକାଥରେ
ସତ, ଭୋକ, ସ୍ୱପ୍ନ, ପ୍ରିୟଜନ
ଚୁଲି ଗୋଟେ ଯାଦୁକର
ତା’ ଯାଦୁରେ ଭାସୁଥାଏ
ସୁଖ-ଦୁଃଖ
ଭୋକର ସଂସାର।

■

ଦୁଃଖ-କାହାର ନାହିଁ

ମୁଁ ତ ଛୋଟ ଛୋଟ ଦୁଃଖରେ
ଚିନ୍ତିତ କରିଛି ମନ
ମୋ ରକ୍ତରେ ଦୁଃଖର ପବନ
ଦୁଃଖ ମୋର ଝାଳ ଓ ନିଃଶ୍ୱାସ
ଧସି ଯାଇଥିବା, ଅତଡ଼ା ତଳେ
ବିତୁଛି ମୋ ଦୁଃଖର ଜୀବନ
ଜୀବନର ଜଟିଳ ଗଣିତ କଷୁ କଷୁ
ହଜେଇ ଦେଇଛି କେତେ
ସ୍ନେହର ଖେଳନା
କାନ୍ଦି ପାରି ନଥିବା କେତେ
ବିବଶ କାନ୍ଦଣା
ଦୁଃଖ ତ ମୋ ବାୟାବସା ଚାଳରେ।

ନିଦରେ
ସ୍ୱପ୍ନ ହୋଇ ଚାଲିଲେଣି
ଟଳମଳ କୋହର କଣ୍ଠରେ
ଦୁଃଖ ବେଳେବେଳେ
ଅଜ୍ଞାତ ଅନ୍ଧାରରେ
କେଶ ବାନ୍ଧି ଆଖିର ଲୁହରେ
ମୋ ଦୁଃଖ ସାଙ୍ଗରେ

ମିଶି ଯାଇଛି
କିଏ ଛାଡ଼ି ଯାଇଥିବା
ଆଉ ଗୋଟେ ଦୁଃଖ
ତାକୁ ମଧ ଧୋଇପୋଛି
ଆଉଁଶୁଛି
ଓଠରେ ଚାପି ରଖିଛି
ସେ ଦୁଃଖର ପ୍ରପାତ
ଛାତିରେ ଛାତିଏ ଦୁଃଖ
ଚଢ଼ିବାକୁ ଅଛି ମତେ
ଅନେକ ପାହାଚ !

■

ଡେରି କଲେ ଆସିବାକୁ

ଡେରି କଲେ ଆସିବାକୁ
ଅନ୍ଧାର ଚାଲି ଯାଇପାରେ
ଏ ରାତିରୁ ସେ ରାତିକୁ, ପୁଣି ଅନ୍ୟ ରାତିକୁ
ପ୍ରଜାପତି ଉଡ଼ି ଉଡ଼ି
ଯାଇ ପାରନ୍ତି ଅନ୍ୟ ସହରକୁ
ପଥର ତରଳି ପାରନ୍ତି
ଓଦାମାଟି ଶୁଖି ଯାଇପାରେ
ଚଇତି ଖରାରେ।
ଡେରି କଲେ
ଶୁଖି ଯାଇଥିବ ଫୁଲ
ନଇଁ ଆସିବ ସଞ୍ଜବେଳ
ପକ୍ଷୀମାନେ ଉଡ଼ିଯିବେ ନୀଡ଼ମୁହାଁ
ଧୂଳି ଜମି ଯାଇଥିବ
ଦର୍ପଣ ଆଖିରେ।

ତୁମେ ବୋଧେ ଜାଣନା
ଏଠି କେମିତି ଅପେକ୍ଷାରେ
ସ୍ୱପ୍ନ ସବୁ ଟଳମଳ
ଆଖିରେ ଉଜ୍ଜ୍ୱଳ
ବନ୍ଦ କବାଟରେ

ଘନ ଘନ କରାଘାତ
ଝରକା ଫାଙ୍କରେ
ଛାଇଟିଏ ଛାଡ଼ିଦେଇ
ବୁଡ଼ି ଯାଉଛି ସୂର୍ଯ୍ୟ
ବସନ୍ତ ଦୁଃଖରେ ଚକ୍କର କାଟେ
ଡେରିକଲେ
ମାଡ଼ି ଆସିବ ଝଡ଼
ଏକ ଅଦିନ ବାଦଲ।

ଛାଇର ଅନେକ ରୂପ

ଛାଇ ଚାଲେ ଆକାଶରେ
ଶିଶୁର ଓଠରେ
ବେଳେବେଳେ ଛାଇ
ବସିଯାଏ ମୋ ଛାତରେ
ଜହ୍ନ ଆଲୁଅରେ
ପିଲାଦିନେ ଛାଇମାନେ
ଚୁପ୍‌ଚାପ୍ ବତୀଖୁଣ୍ଟ ମୂଳେ
ଧୂଳି ଅଳନ୍ଧୁ ଭରା
ଫଟା କାନ୍ଥଟିରେ
ଲୁଚିକରି ବସିଥାନ୍ତି
କବାଟ କଣରେ
ମୋତେ ଭାରି ଡରଲାଗେ
ଛାଇକୁ ଦେଖିଲେ ।

କାଳକ୍ରମେ ଛାଇ ସାଙ୍ଗେ
ଆତ୍ମୀୟତା ବଢ଼ିଗଲା
ବନ୍ଦ ଆଖିରେ କା' ଛାଇ
ସ୍ୱପ୍ନରେ, ସ୍ୱପ୍ନରେ, ବାସ୍ନା ଭରିଦେଲା

ଛାଇ କିନ୍ତୁ ଜୁଡୁବୁଡୁ
ଆତ୍ମୀୟତାରେ
ଚାଲିଥାଏ ମୋ ସାଥିରେ
ଶୁଖିଲା ପାଚେରି ଡେଇଁ
ଛାଇମୟ ହୋଇଯାଏ ରାସ୍ତା
ବାହୁଡ଼ିଲା ପକ୍ଷୀଙ୍କ ଡେଣାରେ
ଛାଇ ଜ୍ଞାତି ପରିଜନ ପରି
ସବୁ ଦିନ ଆସେ
ବସେ ଆମ ଅଗଣାରେ
ଆଖିରେ ପୁଟୁଳି ବାନ୍ଧି
ସକାଳ ଖରାରେ ।

■

ଶୁଭ-ଅଶୁଭ ମୁହୂର୍ତ୍ତ

ପକ୍ଷୀମାନେ ଉଡ଼ି ଉଡ଼ି
ସମବେତ ସଙ୍ଗୀତରେ
ହଜି ଯାଉଥିବାବେଳେ
ଶରବିଦ୍ଧ ପକ୍ଷୀଟିଏ
ଛଟପଟ ହେଉଥାଏ,
ଉଡ଼ି ନ ପାରୁଥିବା
ଆକୁଳ ବନ୍ଧନରେ।

ସକାଳୁ ସକାଳୁ
ମନ୍ଦିର ପୂଜକ
ପୂଜାପାଇଁ ଚଢୁଥାଏ
ପାହାଡ଼ର ଅନେକ ପାହାଚ
ତାକୁ ଦେଖିଲେ ଦିଅଁ
ଭୁଲି ଯାଆନ୍ତି ଭୋକ ଶୋଷ
ଖୋଲିଯାଏ ଭକ୍ତଙ୍କର
ନିରୁଦ୍ଧ କବାଟ
ବେଳେବେଳେ ସେଇ ପୂଜକଟି
ପାହାଚରୁ ଖସିପଡ଼ି ହେଉଥାଏ
ଯନ୍ତ୍ରଣାରେ ଛଟପଟ।

ରାତି ଅନ୍ଧାରରେ
ଶୀତଳ ପୃଥିବୀ
ନିରବ ଆଖିରେ ଦେଖେ
ମିଞ୍ଜି ମିଞ୍ଜି ତାରାଙ୍କର ହସ
ରାତି ବଢ଼େ ନିଦ ଭାଙ୍ଗେ
ମୁଁ ବସି ପଢୁଥାଏ
ପ୍ରେମିକାର ଶେଷ ପ୍ରେମପତ୍ର
ସକାଳୁ ସକାଳୁ ରାତ୍ରିର ଅନ୍ଧାର
ଚାଲିଯାଏ ଏକା ଏକା
ମୁଁ ଜାଣିପାରେନା
କେଉଁ ସମୟ କାହିଁକି ବା
କାହାପାଇଁ ଶୁଭ ଆଉ କାହାପାଇଁ
ଅଶୁଭ ମୁହୂର୍ତ୍ତ।

ଖୋଜିବା ଭିତରେ ନାଁ

ଦିନେ ସେମାନେ
ପାହାଡ଼ ଚଢ଼ିଲେ
ସାଙ୍ଗରେ ନେଇଥିଲେ
ଇଚ୍ଛା ଓ ସାହସ
ଚଢ଼ାଳୀ ପୋଷାକର ଛଦ୍ମବେଶ,
ଅମରତ୍ୱ ପାଇଁ ନୁହେଁ
ବିଜୟ ମୁହୂର୍ତ୍ତର
ବାନା ଉଡ଼େଇବାକୁ
ନେଇଥିଲେ ଧ୍ୱଜାଟିଏ,
ଚଢୁଥିଲେ ଚିତ୍ରିତ ଆକାଶ,
ସେମାନେ ଖୋଲିବାକୁ
ଚେଷ୍ଟାକଲେ
ଖୋଦେଇ ଚାଲିଥିବା
ଦୁର୍ଗର କବାଟ
ତାଙ୍କ ଶାଣିତ ଆଖି
ଖୋଜିଥିଲା ଶିଳାଲେଖ
ଝଡ଼ର ସୂର୍ଯ୍ୟାସ୍ତ
ସୁଡ଼ଙ୍ଗ ଭିତରେ
ଦେଖିଲେ ସେମାନେ
ଥିଲା ଅନ୍ଧକାର

କିଛି କଙ୍କାଳ
ଶୁଖି ଯାଇଥିବା ଗଛ ଓ
ପାହାଡ଼, ପାହାଡ଼ ଦୁଃଖ !

ବିଶ୍ୱାସରେ

ସେଦିନ ସଞ୍ଜ ଅନ୍ଧାରରେ
ମହୁମାଛିଟି
ଫୁଲ ପାଖୁଡ଼ା ଭିତରେ
ଶୋଇଯିବା ପୂର୍ବରୁ
ତୁମ ପାଦ ଶବ୍ଦରେ
ଶିହରିତ ହୋଇଗଲା
ନଦୀକୂଳ
ନିଜକୁ ହଜେଇ ଦେଇ
ମୁଁ ଖୋଜୁଥିଲି
ଘୁମନ୍ତ ଆକାଶ ତଳେ
ଇନ୍ଦ୍ରଧନୁର ଭଗ୍ନାଂଶ
ତୁମ ଓଠରେ ହଳଦୀ ବସନ୍ତ ହସ
ମୋ ଦେହରେ ସଞ୍ଚରି ଯାଇଥିଲା
ନିଶୂନ୍ ପାଖୁଡ଼ା ଗନ୍ଧ
ତୁମ ହାତରେ
ଫୁଲଟିଏ ଧରେଇ ଦେଇ
ମୁଁ ଗାଇଚାଲିଲି କେନ୍ଦରାଏ ଗୀତ
ଅନ୍ଧାର ଆକାଶ ତଳେ
ବହୁ ବ୍ୟବଧାନ ପରେ
ସବୁ ପ୍ରାପ୍ୟ ଦେଇଦେଲ

ଅତି ପାଖରେ ବସି
ନିଜ ନିଜ ବାତାବରଣରେ
ସ୍ୱର, ଗନ୍ଧ, ଆକାଶ ଓ ଇଚ୍ଛା
ପଶି ଆସିଥିଲେ ଆମ ଭିତରକୁ।
ଧୂଳି ଧୂଳି ନିଃଶ୍ୱାସରେ
ନିର୍ଜନତା ସିନା ଥିଲା
କିନ୍ତୁ ନିରାଲୋକ ଅନ୍ତରୀକ୍ଷରେ
ଘନ ବିଶ୍ୱାସର ଛାୟାପଥଟି
ଘୂରି ବୁଲୁଥିଲା ତମ ଆଖିରେ
ଅତି ସହଜରେ ଖୋଲିଦେଲ ଦ୍ୱାର
ତାରାଙ୍କୁ ପିନ୍ଧାଇ ଦେଲ
ଆବେଗର ତରଳ ଘୁଙ୍ଗୁର !
କେମିତି ଆଗରୁ, କେଉଁ କାଳରୁ।

∎

ଆଖି

ଆଖିରେ ଆଖିରେ
କହିହୁଏ ଅନେକ
ଅକୁହା କଥା
ଯେତେ ଲୁଚେଇଲେ ବି
ଆଖି କହିଦିଏ
ମନ ଘୋଡ଼େଇଥିବା
ସବୁ ବ୍ୟାକୁଳତା
ଯୂପ କାଠରେ ମୁଣ୍ଡ ନଇଁ
ଠିଆ ହୋଇଥିବା
ପଶୁଟି ଆଖିରେ ଥାଏ
ଶେଷ କ୍ଷଣର ପ୍ରତୀକ୍ଷା !

ଆଖି ସିନା କଥା କହେନା
ମାତ୍ର କହିପାରେ
ଦୁଃଖର ଠିକଣା,
ଅଘଟିତ ସବୁ ସମ୍ଭାବନା
ସବୁ ସ୍ୱପ୍ନର ରହସ୍ୟ
ଜାଣିପାରେ
ହସର ଉଦାସ
ଆଖିତ ଇଚ୍ଛାଙ୍କ ଦର୍ପଣ,

ସେଠି ଲେଖା ଅଛି
ସବୁତକ ଭାଗ୍ୟରେଖା
ବିଶ୍ୱାସ ଓ କୃତଜ୍ଞତା
ଆଖି ମାପି ପାରେ
ସବୁ ସମ୍ପର୍କର ମଧୁରତା।

ଆଖିର ଲୁହରୁ ଜାଣିହୁଏ
ସନ୍ଧି କି ସାଲିସ ହେବ
ତରବାରୀ ହାତରେ କି
ଛାତିରେ ବାଜିବ
ଆଖି ଗୋଟେ ନିଶ୍ଚଳ ପୋଖରୀ
ମାପିପାରେ ଗଭୀରତା
ଗାଇପାରେ ସବୁଯାକ
ଆକୁଳ କବିତା,
ଆଖିକୁ ଜାଣିବା ପାଇଁ,
ଆଖିଟିଏ ଲୋଡ଼ା,
ଆଖିର ଅଫୁଟା କଢ଼ର ଥାଏ,
ସବୁଯାକ ଫୁଟିଲା ପାଖୁଡ଼ା।

ପାହାଚ

ପାହାଚର ନାହିଁ ନିଃସଙ୍ଗତା
ସବୁବେଳେ ପାହାଚରେ କୋଳାହଳ
କିଏ ନା କିଏ ତ ସେଠି
ଚଢ଼ିବା ଓହ୍ଲାଇବାରେ
ବ୍ୟସ୍ତ ଥାଏ
ଶଂଖନାଦରେ ପାହାଚ
ନିଦ ଭାଙ୍ଗେ
ଯିବା ଆସିବାରେ ସେ
ବ୍ୟସ୍ତ ରହେ ସାରାଦିନ
କିଣିଥାଏ ସମସ୍ତଙ୍କ ମନ
କେବେ ହେଲେ
ଆହତ ହୁଏନା କେହି
ସମସ୍ତଙ୍କ ପାଇଁ।
ତା' ଭିତରେ ଥାଏ ମୁଠେ
ସ୍ନେହ, ଶ୍ରଦ୍ଧା
ଛାତିରେ ଲୁଚେଇଥାଏ
ସବୁଯାକ ଦୁଃଖ।

ଯେତେ ଲୋକ ଉପରକୁ ଉଠିଛନ୍ତି
ସବୁ ପାହାଚ ଚଢ଼ିଛନ୍ତି

ସକାଳୁ ସୂର୍ଯ୍ୟ ତ ଆକାଶ ଚଢ଼େ
ସନ୍ଧ୍ୟାରେ ଓହ୍ଲାଏ ପାହାଚରେ
ପାହାଚରେ ଲେଖାଥାଏ
ସବୁ ଦୁର୍ଗର ଇତିହାସ
ଯୁଦ୍ଧ, ଜୟ, ଗାନ, ମାନ,
ସବୁ ମୂଳରେ ପାହାଚ
ପାହାଚ ହିସାବ ରଖେନା
ରାଜା, ପ୍ରଜା, ବାଟୋଇଙ୍କ
ଗୋପନ ଗଣିତ ।

ପିଲାଦିନ

ଆମ ପିଲାଦିନର ହସ, କାନ୍ଦ,
ମେଘ ବର୍ଷାରେ
ଦେଖିଥିବା ସ୍ୱପ୍ନ,
କାଦୁଆ ସୁଅରେ
ଭସାଇଥିବା କାଗଜ
ଡଙ୍ଗାର ସ୍ମୃତି
ପୋତି ହୋଇଯାଇଛି ଆମ
ଗାଁ ବରଗଛ ମୂଳେ
ଦୁର୍ଗ ପରି ମାଟି ତଳେ
ଆଜି ଖନନରୁ ମିଳୁଛି
ସେ ବରଗଛରେ ଝୁଲୁଥିବା
ଅଛିଣ୍ଡା ଅଙ୍କର ଜ୍ୟାମିତି,
ଗୁଡ଼ିଙ୍କର ଛିଣ୍ଡା ସୂତା
ଚୋରିକରି ପୂଜା କରିଥିବା
କିଛି ଫୁଲ କଢ଼,
ଆମ ବିତେଇ ଥିବା ଜହ୍ନରାତି
ଓ ଦୁଃଖର ଚଇତି
ଆଉ ବୋଧେ ଖୋଜିଲେ ମିଳିବ
ଫୁଲବଣରୁ ଧରିଥିବା
ପ୍ରଜାପତି,

ସେଦିନ ବର୍ଷାରେ
ଭିଜିଥିବା ଆମ
ଦେହ ଗନ୍ଧର ଓଦାମାଟି,
କିଛି ଭଙ୍ଗା ସିଲଟ,
ଚିରା ଫଟା କାଗଜ
ଆମ ଦେଖା ସ୍ୱପ୍ନ
ଭୋକ, ଶୋଷ,
ବନ୍ଧୁ ମିଳନର,
ଅନେକ ପଦଚିହ୍ନ
ସେଠୁ ମିଳିପାରେ
କିଛି ବାଲି ଘର,
ଶଢ଼େଇ ଓ ଭଙ୍ଗାବଂଶୀ
ସାରୁପତ୍ରରେ ରନ୍ଧା
ଅଧାଖିଆ ଭାତ
କିଛି ଧୂଆଁ, କିଛି ଧୂଳି
ଅନ୍ଧାର ଆଲୋକର
ଏକ ବିଚିତ୍ର ଗୋଧୂଳି।

ଧର୍ମ କହିଲେ

ଧର୍ମ କହିଲେ ସମସ୍ତେ ବୁଝନ୍ତି
ସକାଳୁ ସକାଳୁ
ସାହି ସାହି ବୁଲୁଥିବା
ଝାଞ୍ଜ, ମୃଦଙ୍ଗ, ସଂକୀର୍ତ୍ତନ
ଠାକୁର ଘରେ,
ଘଣ୍ଟା ଘଣ୍ଟା ପୂଜାପାଠ
ଫୁଲ ଓ ଚନ୍ଦନ
ମନ୍ଦିର ବେଢ଼ାକୁ ଚଢ଼ି
ପତିତପାବନ ବାନା ଉଡ଼ାଇବା
ଭିକାରୀଙ୍କୁ ମନ୍ଦିର ସାମ୍ନାରେ
ମୁଠା ମୁଠା ଚାଉଳ ବାଣ୍ଟିବା ।

ଧର୍ମ କହିଲେ
ଗାଧୋଇ, ପାଧୋଇ
ଶୂନ୍ୟକୁ ଦୁଇ ହାତ ଟେକି
ସୂର୍ଯ୍ୟଙ୍କୁ ଢାଳିଦେବା,
ଆଞ୍ଜୁଳାଏ ପାଣି
ଅଷ୍ଟଶମ୍ଭୁ ଦର୍ଶନ ପାଇଁ
ଶହ ଶହ ପାହାଡ଼ ଚଢ଼ି, ପୂଜା କଲେ
ଆତ୍ମା ଶାନ୍ତି ପାଏ

ସବୁ ଜନ୍ମର ପାପ ଧୋଇଯାଏ
ବ୍ୟକ୍ତିଗତ ଭାବେ
ସମୟକୁ ଠକି ଦେଇ ହୁଏ
ମନ୍ତ୍ର ତନ୍ତ୍ରରେ
ଧର୍ମ ଅଧର୍ମ ସବୁ ତ
ଆମ ରକ୍ତ କଣିକାରେ !

ଧର୍ମ ଆଉ କ'ଣ କି
କେନ୍ଦରା ବଜାଇ ଯାଉଥିବା
ଯୋଗୀରେ ଝୁଲାରେ, କିମ୍ବା
ଚକୁଳିଆ ପଣ୍ଡାଙ୍କ ଥାଳରେ
କିଛି ରଖିଦେବା,
ଅନ୍ୟ କାହା ବଗିଚାରୁ
ସବୁ ତକ ଫୁଲ ତୋଳି
ଦିଅଁଙ୍କୁ ପୂଜିବା
ପରମ୍ପରାର ପାଟ ଶାଢ଼ି ପିନ୍ଧି
ମାଣ ବସାଇବା
ପାଣି ମିଶା କ୍ଷୀରରେ
ମହାଦେବଙ୍କ ଲିଙ୍ଗ ଧୋଇଦେବା,
ଆଉ, ସନ୍ଧ୍ୟାରେ
ଗଞ୍ଜାଇ ନିଶାରେ ଖଞ୍ଜଣୀ
ବୁଦ୍ଧମ୍ ଶରଣମ୍ ଗଚ୍ଛାମୀ
କୌପୀନୀରେ ମହିମା ଅଲେଖ,
ଧାର୍ମିକ ଲୋକଙ୍କ,
ମୁଣ୍ଡରେ ଚିତା, କାନ୍ଧରେ ଗାମୁଛା
ଆଖି ଯା'ର ଖୋଜୁଥାଏ,
ନିର୍ମୂଳୀ ଲତାର ଛାଇପରି
ଏକ କୁମାରୀ ଇଲାକା ।

■

ତୁମେ ଆସିବ ବୋଲି

ତୁମେ ଆସିବ ବୋଲି
ସ୍ୱପ୍ନଟିଏ ମୋ ଭିତରେ
ଭାଙ୍ଗୁଛି ଲହଡ଼ି
ପର୍ଦ୍ଦା ଫାଙ୍କରେ
ଭୁଆସୁଣୀ ପରି
ଚାହିଁଛି ମୋ
ଚାତକର ଆଖି
ତୁମକୁ ପାଛୋଟି ନେବାକୁ
ଶୁଭିଲାଣି ଶଂକାସ୍ୱର
ଆମ୍ବ ଡାଳରେ
ଝୁଲୁଛି ପେନ୍ଥାଏ ବଉଳ ।

ତୁମେ ଆସିବ ବୋଲି
ଶୁଭିଲାଣି ରୁଣୁଝୁଣୁ, ଚୁଡ଼ିର ଝଙ୍କାର
ଗମ ଗମ ଝାଳର ନିଃଶ୍ୱାସ
କଫି ପିଆଲାରେ
ଓଠଭରା ଉଷୁମ ଅପେକ୍ଷା
ସେଦିନ ସାକ୍ଷାତରେ ଥିବା
ତୁମ ଆଖିର କୌତୂହଳ ନିମନ୍ତ୍ରଣ
ଭିଜୁଛନ୍ତି ସହଜ ଖରାରେ

ବୋଲି ହୋଇ ସ୍ନେହ ଆଉ କାକରର
ସବୁ ପ୍ରତିଶ୍ରୁତି
ବିଞ୍ଛି ହୋଇ ପଡ଼ିଛି ଏଠି
ତୁମର ସବୁଯାକ ଚିଠି ।

ତୁମେ ଆସିବ
ଚଉଁରା ମୂଳ ଝୋଟିରେ
ଶେଫାଳିର ଗାଲିଚାରେ
ଫେରି ଆସିବା ପକ୍ଷୀପରି
ଅଣାୟତ୍ତ ଇଚ୍ଛାଙ୍କ ସୁଅରେ
ଖୋଲିବାକୁ ଅଧା ଦେଖା
ସ୍ୱପ୍ନର କବାଟ
ବାଟରେ ଅଟକି ଥିବା
ଉଜାଣି ସମ୍ପର୍କ ।

■

ଘୁଙ୍ଗୁର

ତୁମେ ସେଦିନ
ପାଦରେ ଘୁଙ୍ଗୁର ବାନ୍ଧି
ନାଚିଥିଲ
ସଂଜର କୋଳାହଳରେ,
ସେ ନାଚରେ ଥିଲା
ଶ୍ରଦ୍ଧା, କାରୁଣ୍ୟ, ଶୃଙ୍ଗାର
ସେ ସନ୍ଧ୍ୟା
ସ୍ମୃତି ହୋଇ ରହିଗଲା ଚିରଦିନ
ସେ ଘୁଙ୍ଗୁର
ସାଇତି ରଖିଛ ତୁମେ
ମଖମଲ ବଟୁଆରେ
ସ୍ମୃତି ହୋଇ ସେ ବସିଛି
ତୁମରି ପିଣ୍ଡାରେ ।

ସବୁ ସ୍ମୃତିରେ ଥାଏ
ହଳେ ଘୁଙ୍ଗୁର,
ହେଇପାରେ ପିଲାଦିନର,
ଦୁଆର ମୁହଁରେ
ବାରମ୍ବାର ଝୁଣ୍ଟୁଥିବା
ଭଙ୍ଗା ଚଟାଣର

କିମ୍ବା ଅଧାଗଢ଼ା
ମନ୍ଦିରର
ସ୍ମୃତି ତ ଡାହାଣୀ ଆଲୁଅ
ଅଧା ରାତିରେ ଜଳେ
ଖପୁରୀ ଭିତରେ
ତା' ନିଆଁରେ
ବତୀଖୁଣ୍ଟ ବି ଡରିଯାଏ !

ନିଦରୁ ଉଠଉଥିବା
ସବୁ ସ୍ମୃତି
ତମ ଘୁଙ୍ଗୁର ପରି,
ରିମଝିମ ବର୍ଷାରେ
କବାଟ ବାଡ଼ାନ୍ତି
ତାଙ୍କ ମନରେ
ଝଡ଼ କି ଭୂକମ୍ପ ନଥାଏ,
ତଥାପି ମୁଁ ଡରିଯାଏ,
ଏ ଘୁଙ୍ଗୁର ପିନ୍ଧା ସ୍ମୃତିର
ଯଦି କେଉଁ ଆହାତ ପକ୍ଷୀଟି ଆଣି
ଛାଡ଼ିଯିବ ମୋ ଦୁଆରେ
ସିଏ ମୋତେ ଖୁମ୍ପିଯିବ
ଆଉ କ୍ଷତାକ୍ତ କରି ଚାଲିବ
ତା' ନିଜ କୌଶଳରେ ।

■

ଗଲାବେଳେ ଛାଡ଼ିଦେଇ ଗଲେ

ଅଲୋଡ଼ା ଭାବି
ଛାଡ଼ି ଦେଇ ଗଲେ
ଧୂଳି ଧୂଳି ପାଦ ଚିହ୍ନ
କାନ୍ଥ କଣ୍ଟାରେ ଟଙ୍ଗା
କୌତୁକିଆ ସବୁ ସ୍ମୃତି
ଘର ଭିତରେ ଝୁଲୁଥିବା
କୋଳାହଳର ପର୍ଦ୍ଦା
କିଛି ଭଙ୍ଗା କଣ୍ଢେଇ
ଓ କାଗଜର ଫୁଲ ।

ନେଲେ ନାହିଁ
ଫର୍ଦ୍ଦ ଫର୍ଦ୍ଦ ଆଙ୍କିଥିବା
ଅଙ୍କା ବଙ୍କା ପଟଚିତ୍ର
ଜନ୍ମଦିନରେ ପିନ୍ଧିଥିବା
କାଗଜ ମୁକୁଟ,
ଆତ୍ମୀୟତାରେ ଭିଜିଥିବା
କାନ୍ଥ ଓ କବାଟ,
ସାଙ୍ଗ ହୋଇ କାଟିଥିବା
ହସ କାନ୍ଦର ବିମୁଗ୍ଧ ମୁହୂର୍ତ୍ତ ।

ରହିଗଲା
ରୋଷେଇ ଘରେ ଭୋକ
ଚାଳରେ ଚଟିଆ
ବଗିଚାରେ କାକର ଓ ଘାସ
ଦର୍ପଣରେ ହସ
ଅନାବନା ଖେଳନାଙ୍କ
ନିରବ ଉଦାସ ।

ଏକାନ୍ତରେ

ଯେତେ ପର୍ଯ୍ୟନ୍ତ
ତୁମେ ମୋ ଅବୁଝା ଓଠର
ଅକୁହା ଶବ୍ଦଙ୍କ ଅର୍ଥ ବୁଝିନା
ମୋ ମନର ରହସ୍ୟ ଭିତରେ
ହଜି ଯାଇନା,
ତୁମ ଦୀର୍ଘଶ୍ୱାସଙ୍କୁ
ଦର୍ପଣରେ ସମର୍ପି ଦେଇନା
ମୁଁ ଅପେକ୍ଷା କରିବି
ସେ ଅପହଞ୍ଚ ମୁହୂର୍ତ୍ତମାନଙ୍କୁ
ଝର୍କା ଫାଙ୍କରେ
ବଜଉଥିବା ମଇଳା ସ୍ୱପ୍ନର
ପୁରୁଣା ବଂଶୀକୁ !

ତୁମେ ଯେବେ, ବାଟ ଭୁଲି
ଅକସ୍ମାତ୍ ଆସିଯିବ
ଦଲକାଏ ପବନ ପରି
ସଞ୍ଚରି ଯିବ ଘରର
ଚାରି କାନ୍ଥରେ ଓହଳା ପର୍ଦ୍ଦାରେ
ଗୋପନୀୟ କଥାଙ୍କ ଘେରରେ,

ଦେଖିବ କେମିତି
ଚାହିଁ ବସିଥିବେ
ଦୁଇଟି ଆଗ୍ରହୀ ଆଖି
ଘର ସାରା ଅପେକ୍ଷାରେ

ମୁଠାଏ ବିଚିତ୍ର ଅନ୍ଧାର
ପାଣି ଭର୍ତ୍ତି କରୁଥିବ
ଆମ ଅନ୍ତରଙ୍ଗ ସମ୍ପର୍କର
ବାସୀ କଳସୀରେ।

ଦୂରତା

ନିର୍ଜନତାର ଗୁଞ୍ଜନରେ
ମୁଁ କ'ଣ ଯାଇପାରିବି, ଦୂରକୁ
ଛାଡ଼ିଦେଇ ତୁମର ସେ
ଝରଣା ପରି ଝରୁଥିବା ହସ
ସ୍ୱପ୍ନରେ ଝୁଲୁଥିବା
ଅମାୟିକ ସମସ୍ତ ମୁହୂର୍ତ୍ତ।

ପାଖରେ ଥାଇ ବି
ଦୂର ଦୂର ଲାଗେ ସବୁ
ଦୂରରେ ଥିଲେ ଲାଗେ
ମୁଁ ହଜିଯାଇଛି ଅବା
ତୁମ ପରିଧି ବାହାରେ
ତୁମେ ଆସିଲା ବେଳକୁ
ମୁଁ ବୋଧେ ପହଞ୍ଚି ଯାଇଥିବି
ଅନ୍ୟ କେଉଁ ପରିଚୟରେ।

ମୁଁ ସଠିକ୍ ବୁଝିପାରେ
ଦୂର କିଏ, ପାଖ କିଏ
ତୁମ ଆଖିରେ କେତେ ପରସ୍ତ ସ୍ୱପ୍ନ
ତୁମ ଓଠ ଅନୁକମ୍ପା

ତୁମ ସ୍ପର୍ଶରେ ସବୁଯାକ
ଏକାନ୍ତ ମୁହୂର୍ତ୍ତ
ତୁମ ଛାଇର କାରାଗାରରେ
କେବେଠୁଁ ବନ୍ଦୀ ହୋଇବି
ଲାଗେ ମୋତେ ବହୁଦୂର
ମୋ ଆସ୍ଥାନ, ବର୍ତ୍ତମାନ
ସବୁ ଦୂରତା ଭିତରେ ଥାଏ
ଗୋଟିଏ ବନ୍ଧନ
ଫୁଟି ପାରି ନଥିବା କଢ଼ର
ଆକୁଳ କ୍ରନ୍ଦନ।

■

ସଞ୍ଜବେଳ

ସଞ୍ଜରେ ମଉଳି ଯାଉଥିବା
ଫୁଲମାନେ, ଜାଣିଥାନ୍ତି
ଖରାର ବିନ୍ଦୁ ବିନ୍ଦୁ ଶ୍ରଦ୍ଧା
ମହୁମାଛିଙ୍କ ଗୁଞ୍ଜନରେ
ଗୋଡ଼ ଲମ୍ବାଇ ବସିଥିବା
ଖରାବେଳର ମମତା
ଝଡ଼ି ପଡୁଥିବା ପାଖୁଡ଼ାରୁ
ବିନ୍ଦୁ ବିନ୍ଦୁ ଲୁହରେ
ବିଦାୟ ମାଗିଲାବେଳେ
ସୂର୍ଯ୍ୟ ନେଇଯାଏ, ତା' ସାଙ୍ଗରେ
କାଲିର ସକାଳ।
ଦିନରେ ଦର୍ପଣ ଅଛି,
ତା' ଭିତରେ ପ୍ରେମ ସବୁ, ପ୍ରତିବିମ୍ବ
କ୍ଲାନ୍ତ ବାଟୋଇର
ଥକ୍କା ଥକ୍କା ପାଦ, ଚାଲିଥାଏ
ପକ୍ଷୀପରି; ସାରାଦିନ
ଖୁମ୍ପୁଥାଏ ନିଜ ମୁହଁ, ଦର୍ପଣରେ
କେତେବେଳେ ସଞ୍ଜ ଆସିଯାଏ
ଗଛ ପତ୍ର ଚାଳଘରେ
ମାଡ଼ିଯାଏ ଘନିଷ୍ଠ ଅନ୍ଧାର

ଦିଗ୍‌ବଳୟ ମୁହଁରେ ଆକାଶ
ଶାଢ଼ୀଟିଏ ଢାଙ୍କି ଦିଏ
ମାଡ଼ିଆସେ, ଅନ୍ତରଙ୍ଗ ଅନ୍ଧକାର
ପକ୍ଷୀମାନେ ସ୍ୱପ୍ନ ଦେଖିବାକୁ
ଫେରନ୍ତି ନୀଡ଼କୁ
ପଛରେ ରହିଯାଆନ୍ତି
ଘର, ଦ୍ୱାର, ଗାଁ, ବିଲ
ଚିତ୍ରିତ ପର୍ବତ,
ଦିଗ୍‌ବଳୟରୁ
ଦିଶୁଥାଏ ଆଜିର ସୂର୍ଯ୍ୟାସ୍ତ!!

ଅଦିନ ବର୍ଷା

କେମିତି ସମ୍ଭାଳି ନେବି
ନିଜକୁ ମୁଁ
ତୁ ଯଦି, ଶୁଖିଲା ଡାଳରେ ବସି
ଏକା ଏକା ଭିଜୁଥିବୁ
ଅଦିନ ବର୍ଷାରେ
ସେଦିନ ଗୋଟିଏ ଦେଖାରେ
ହସିଦେଲୁ ଖିଲିଖିଲି
ଆଖିରେ ସ୍ୱପ୍ନ ଆଉ
ଓଠରେ ବାସ୍ନା ନେଇ
ଖାଲି କ'ଣ ଭିଜିବାକୁ
ଏକା ଏକା, ଯନ୍ତ୍ରଣାର
ଉଲଗ୍ନ ଡାଳରେ ।

ସବୁ ଠିକ୍ ଥିଲା,
ଫୁଲ ଫୁଟିଥିଲା,
କାକର ବି ଥିଲା
ଭ୍ରମରଟି ଫେରିଲା ବାଟରେ
ଫୁଲଫାଶରେ ଛନ୍ଦି ହୋଇ
ସମର୍ପି ଦେଲା, ନିଜକୁ
ଫୁଲ ପାଖୁଡ଼ାରେ,

ଛାତ ଉପରେ ପାରା
ଖୁଦ, ଖୁଣ୍ଟିଲାବେଳେ
ପବନରେ ଲେଖି ଦେଉଥିଲେ
ଟଳଟଳ ଲୁହର ଅକ୍ଷର !

ଏ ଅଦିନ ମେଘ,
ଉଦାସ ଶ୍ରାବଣ ପରି
ଲହରାଇ ଦେଲା ଯୌବନରେ କ୍ଷେତ
ଉଡ଼ିଗଲେ ଗେଣ୍ଡାଳିଆ
ଭିଜିଗଲା ଗଛଲତା
ମୋ ମନର ଏକା ଏକା, ଏକାଗ୍ରତା
ଫୁଲ ଗଛ ଭିଜୁଥିଲେ
ଝରକା ଫାଙ୍କରେ
ସେମାନଙ୍କ ସ୍ୱପ୍ନ,
କିଶୋରୀ କନ୍ୟାଟି ପରି
ଶୋଇଯାଇଥିଲା
ବର୍ଷା ଭିଜା ବହଳ ରାତିରେ
ତୁ କିନ୍ତୁ ଭିଜୁଥିଲୁ ଗଛର ଡାଳରେ !!

■

ରାସ୍ତା

ରାସ୍ତା ସବୁବେଳେ ରାସ୍ତା
ଏଠି ଖାଲି ଚାଲିବାକୁ ପଡ଼େ
ଚାଲିବ ତ ଚାଲ
ନହେଲେ ଶୋଇ ଯା'
ଶରଶଯ୍ୟାରେ
ଜୟ, ପରାଜୟ
ମୃତ୍ୟୁ କିମ୍ବା ଭୟ
ରାସ୍ତା ପାଇଁ ଅଟକିଯାଏନା
ଫାଶୀର ସମୟ ।

ଯେତେ ଚାଲିଲେ ବି
ସରେ ନାହିଁ ରାସ୍ତା,
ରାସ୍ତାପରେ ଲମ୍ବିଯାଏ
ଆଉ ଗୋଟେ ରାସ୍ତା,
ରାସ୍ତା ବୁଝେନା, ବିବଶତା
କାହାର ପ୍ରତୀକ୍ଷା ।

ରାସ୍ତା କଡ଼ରେ,
କିଏ ଜଣେ ଠିଆ ହୋଇଛି
ବନ୍ଦ ଆଖିରେ

ତା' ଆଖିରେ ଅସହ୍ୟ କମ୍ପନ
ଭ୍ରୂଲତାରେ ସମୁଦ୍ର ମନ୍ଥନ
ପ୍ରତୀକ୍ଷାର ଅସଂଖ୍ୟ ଲହରୀ
ସିଏ ବୋଧେ ଅଦିନ ବର୍ଷାରେ
ଭିଜିଥିବା ଏକ
ଉଦାସ ମୟୂରୀ!!

ଅନୁଭବ

ମୁଁ ଯାହା ଦେଖେ
ମରୁଭୂମି, ନଈ, ନାଳ
ଚିହ୍ନାଚିହ୍ନା ଧାନ ବିଲ
ସବୁଜ ଜଙ୍ଗଲ
ପ୍ରତିଟି ଦୃଶ୍ୟରେ ଅଛି
ଚେତନାର ଆଲୋକ, ଅନ୍ଧାର
ମୁଁ ଯାହା ଶୁଣେ, ସିଏ
ସବୁଜ ସବୁଜିମାର ବଂଶୀ ସ୍ୱର
ପ୍ରୀତିଭରା ଖଞ୍ଜଣିରେ
ଭାସୁଥିବା ମେଘର ମହ୍ଲାର
ରିମଝିମ ବର୍ଷୁଥିବ
ବର୍ଷାର ଘୁଙ୍ଗୁର
ଫଗୁଣରେ ଭିଜିଥିବା
ବାସ୍ନାଭରା ପବନର ଥାଏ
ନିଜ ସ୍ୱର
ତାକୁ ମୁଖରିତ କରେ
ମହମହ ବାସୁଥିବା
ଝରଣା ଝଂକାର।

ମୋ ଅନୁଭବରେ
ସବୁ ବାସ୍ନାରେ ଫୁଲ
ସବୁ ଫୁଲରେ ଋତୁ
ସବୁ ଋତୁରେ ଥାଏ
ମେଘ କିମ୍ବା ନିର୍ମେଘ ଆକାଶ
ଆକାଶରେ ଇନ୍ଦ୍ରଧନୁ
ତାରା ଆଉ ଜହ୍ନ
ଜହ୍ନ ଆଲୁଅରେ
ଚକାଚକା ଭଉଁରୀରେ
ନାଚୁଥାଏ କୁନି କୁନି
ଝିଅଙ୍କର ସ୍ୱପ୍ନ ।

■

ସୂର୍ଯ୍ୟାୟନ

ଉତ୍ତରାୟଣ କି
ଦକ୍ଷିଣାୟନ
ସବୁ ଅୟନରେ
ଲୁଚିଛି ଜୀବନ
ଅଳସ ଉଦ୍ୟାନ,
ଧାନ ବିଲ, ଗୀତର ଗୁଞ୍ଜନ
ସୂର୍ଯ୍ୟଙ୍କର ଲୋହିତ କିରଣ,
ଆନନ୍ଦ କି ଭୋକ ଶୋଷ
ସବୁ ଦୁର୍ଗର ଇତିହାସ
ସ୍ନେହ ଆଉ ସମ୍ପର୍କର
ଆଦିମ ବିଶ୍ୱାସ
ସୂର୍ଯ୍ୟ ତାଙ୍କ, ପରିକ୍ରମାରେ
କେରାଏ ଆଲୁଅ, ବିଞ୍ଚିଦେଲେ
ମାତାଲ ହୋଇ ଦୌଡୁଥାଏ
ସୁନାର ହରିଣ।
ନଈ, ନାଳ, ପାଣି ଓ ଫସଲ
ସବୁ ମୂଳେ ସୂର୍ଯ୍ୟାୟନ
ସୂର୍ଯ୍ୟ ତାଙ୍କ ନିଜସ୍ୱ ଇଚ୍ଛାରେ
ଜଳନ୍ତି, ଲିଭନ୍ତି
ସଞ୍ଜ ହେଲେ ଲୁଚିଯା'ନ୍ତି
ଅନ୍ଧାରରେ ଭଣଭଣ ବାସୁଥାଏ
ପୃଥ୍ୱୀ ଓ ଫଗୁଣ।

■

ଛଦ୍ମବେଶ

ଘରର ସବୁ ଶୂନ୍ୟ ସ୍ଥାନକୁ
ସଜେଇ ଦେଇଛି
ଛୋଟ ଛୋଟ ଘଟଣାରେ
ଟାଙ୍ଗି ଦେଇଛି ଅନେକ ଜିଜ୍ଞାସା।
ଝରକା ଫାଙ୍କରେ
ଯିବା ଆସିବା କରୁଥିବା
ସମ୍ପର୍କକୁ ଦେଖେଇ ଦେଇଛି
ବାଟ ଭୁଲି ଚାଲିଥିବା
କଣ୍ଟକିତ ରାସ୍ତା।
ଜୁଆର ପରେ ଜୁଆର
ମୁହୂର୍ତ୍ତ ପରେ ମୁହୂର୍ତ୍ତ
ହାତ ମୁଠାରେ ଜାଗା ଧରୁନି,
ନିରବ ପ୍ରତୀକ୍ଷାର ଦୁଃଖ,
ମୋ କାନ୍ଥରେ ଝୁଲୁଥିବା ଫଟୋସବୁ
ଆବେଗରେ ଟଳମଳ
ଉଦାସ ଦର୍ପଣ ଭିତରେ
ଲୁଚେଇ ପାରିଛି,
ଯନ୍ତ୍ରଣାରେ ଛଟପଟ
ଏକ ଅତୃପ୍ତ ଆତ୍ମାର,
ଛଦ୍ମବେଶ!!

ଶବ୍ଦ

ଶବ୍ଦ ସଂଜୀବନୀ ପରି
ଆଖିରେ ଆଖି ରଖି
ହାତରେ ଧରେଇ ଦିଏ
ମୁଠା ମୁଠା ଘନିଷ୍ଠତା
ରୁମାଲରେ ପୋଛି ଦିଏ ଦୁଃଖ
କିଏ ଅତି ଅନ୍ତରଙ୍ଗ
ମୋ ପାଖରେ ବସି
ଅନ୍ୟମନସ୍କ ଭାବେ
ନିଃଶବ୍ଦ ପ୍ରଶ୍ନମାନଙ୍କୁ
ବାଣ୍ଟୁଥାଏ,
ଶବ୍ଦଙ୍କ ସୂର୍ଯ୍ୟାସ୍ତ।

ଶବ୍ଦର କାଉଁରୀ ସ୍ପର୍ଶରେ
ଫୁଲି ଉଠେ ମଲାନଈ
ବହୁଦିନୁ ହଜିଯାଇଥିବା
ଶରବିଦ୍ଧ ସମ୍ପର୍କଟି
ଅକସ୍ମାତ୍,
ବିଶ୍ୱାସର କୁଞ୍ଚିତ ଝୋଟିରେ
ଭରିଦିଏ ନୂଆ ରଙ୍ଗ
ଶୀତେଇ ଉଠେ ଅଗଣା,

ଘମାଘୋଟ ଅନ୍ଧାର ଭିତରେ
ଜହ୍ନ ଉଇଁ, ବାଣ୍ଟିଯାଏ
ହସର ଖେଳନା
ପୁଣି, ଉଡ଼େ ଇଚ୍ଛାଙ୍କର ଡେଣା ।

ଅନ୍ଧାର

ରାତିରେ ମୋ ଆଖିରେ
କିଏ ଖୋସି ଦେଇଗଲା
ସ୍ୱପ୍ନଟିଏ, ଭସେଇଦେଲା ଡଙ୍ଗାଟିଏ
ମୁଁ ବାସିଲି, ଭାସିଲି
ବାସିଲା ମୋ ଫଟାକାନ୍ଥ
ଫଟା ଓଠ,
ଧୂଳି ଅଳନ୍ଧୁ ଭରା,
ମୋ ନିଜ ଫଟୋ
କିଛି ନଜାଣି ମଧ୍ୟ,
ଭାସିଲି ବାସ୍ନାରେ
ସକାଳୁ ଗାଧୋଇ ପାଧୋଇ
ଫେରିଲା ପରେ ଜାଣିଲି
ସିଏ ପାଣି ନଥିଲା ଲୁହ,
ତାହା ସ୍ୱପ୍ନ ନଥିଲା କୋହ,
ନଥିଲା ସେଠି ସ୍ମୃତିର ଘୁଙ୍ଗୁର
ସିଏ ଥିଲା, ଖାଲି
ଉଇଖିଆ ନିଷ୍ପ୍ରାଣ ଅନ୍ଧାର !

■

ବହୁତ ଖୋଜିଲା ପରେ

କିଏ ଜାଣିଥିଲା
ପଥର ଭିତରେ ପାଣି
ପାଣି ଭିତରେ ମନ୍ଦିର
ମନ୍ଦିର ଭିତରେ ବଂଶୀ
ବୁଡ଼ିଯାଇଥିବା, ଦ୍ୱାରକା ନଗର
କୃଷ୍ଣଙ୍କର, ରାଧାମାନେ
ଆଜିବି କାନ୍ଦନ୍ତି
ରକ୍ତାକ୍ତ ପାଦକୁ ଧରି ଛାତିଚିରି
ଯମୁନାରେ ଆଜିବି ଜୁଆର !

ବହୁତ ଖୋଜିଲା ପରେ
ସମୁଦ୍ର ଭିତରେ
ବୁଡ଼ିଯାଇଥିବା ଜାହାଜରେ,
କଙ୍କାଳ ହାତରେ ଚୁଡ଼ି
କେଉଁ ରାଜାଙ୍କର ରାଣୀ ବୋଧେ,
ପାଟ, ପିତାମ୍ବରୀରେ,
ଶୋଇଯାଇଛି, ଅଚିନ୍ତା ନିଦରେ
ନିଛାଟିଆ, ଜାହାଜଟି କାନ୍ଦୁଥିଲା ରହି ରହି
ଖୋଜୁଥିଲା ନିଜର ଠିକଣା
ବାନ୍ଧି ହୋଇ ନିଜ ବନ୍ଧନରେ ।

■

ଶର

ତାକୁ ମାରନା, ସେ ତ ନିରୀହ ହରିଣୀ
ଢୁବୁ ଢୁବୁ ସ୍ୱପ୍ନରେ ଭାସେ
କଅଁଳ ଘାସରେ ବନ୍ଧା
ପହଁରୁଛି ମାଛର ଆଖିରେ,
ସେ କେମିତି ଜାଣିବ
ତାକୁ ବିନ୍ଧିବା ପାଇଁ
ଶରଟିଏ ଧାଉଁଛି ପଛରେ !

ରାଜା, ମଣିମାଙ୍କର ଦୁଃଖ ଯେ
ଉଡ଼ିପାରିଲେ ନାହିଁ
ଆକାଶରେ, ଚିଲ ପରି
କାଟିପାରିଲେନି ଇନ୍ଦ୍ରଧନୁ
ଧାରୁଆ ଛୁରୀରେ
ବିନା ସ୍ୱରରେ
ଧ୍ୱନିତ ହେଲେନି
ପତ୍ର ପରି
ଶୁଖିଲା ଲହରୀରେ,
ଲେଖି ପାରିଲେନି,
ନରମ ବାଲିର ଭାଷା
ଏପରିକି ଆଉଁଶି ପାରିଲେନି

ବସି ବସି
ନୂଆ କରି ଗଜରୁଥିବା
କଅଁଳିଆ ଦୂବ !

ସେ କେମିତି ଜାଣିଥା'ନ୍ତେ
ସବୁ ତ ଲଣ୍ଠନ ପରି
ତେଲ ପିଇ ଅନ୍ଧାରରେ ଚକ୍ ଚକ୍।
ସକାଳକୁ, ବାସି ଖବର କାଗଜ
ପଦ୍ମପତ୍ରରୁ ଲୁହ ପିଇ
ବଞ୍ଚିଥିବା ଖରାର ପ୍ରକୋପ,
ଶରଟିଏ ତ, ସମସ୍ତଙ୍କ ପଛେ ପଛେ
ତା' ପଛରେ ବ୍ୟାଧ, କିନ୍ତୁ
ଆଗରେ ମିଠା ସ୍ୱପ୍ନଙ୍କୁ
ଝୁଣ୍ଟୁଚି ଆକାଶ।

■

ସ୍ୱପ୍ନ

ବେଳେବେଳେ ଇଚ୍ଛା ହୁଏ
ନାଚିବାକୁ, ଅଜଣା ଇଚ୍ଛାରେ
ଘୁଙ୍ଗୁର ପିନ୍ଧି, ଏକ ପଥର ଚଟାଣରେ ।
ନିଜ ପାଦ ଶବ୍ଦରେ
ବିମୁଗ୍ଧ ହୋଇ
ବିହ୍ୱଳ ବାଟୋଇଟି ପରି, ଚାଲିବାକୁ
ଗହଳ ଜହ୍ନରାତିର
ଫୁଲ ବଗିଚାରେ,
ଯେଉଁଠି ନଥା'ନ୍ତା
ଦୁଃଖ ଯନ୍ତ୍ରଣାର, ରକ୍ତାକ୍ତ ଅନୁଭବ,
କେବଳ ଥାଆନ୍ତା ନିରବତା
ବର୍ଷା ଛାଡ଼ିବା ପରର ମାଟିର ଆର୍ଦ୍ରତା,
ଓଦା ଓଦା ମାଟି ଗନ୍ଧ
କିଛି ସ୍ୱପ୍ନ, କିଛି ତାରା
ରାତିରେ ଫୁଟୁଥିବା
ଫୁଲଙ୍କ ମହକ ।

ଇଚ୍ଛା ହୁଏ
ଭିଜା ମାଟିର ସ୍ୱପ୍ନରେ
ଭିଜି ଭିଜି, ମୁଁ ବି ବିମୁଗ୍ଧ କରନ୍ତି

ମୋ ନିରସ ନିରବତାକୁ ବାଣ୍ଟିଦିଅନ୍ତି
ମୋ ବିଶ୍ୱାସର ଘୁଙ୍ଗୁର ଶବ୍ଦରେ
ନୀଡ଼ଫେରା ପକ୍ଷୀମାନେ
ମୋ ବାଟ ଦେଇ ଫେରିଯା'ନ୍ତେ
ଆଶାୟୀ ବରଗଛକୁ
ଠିକ୍ ମୋ ପରି,
ମୁଁ ଯେମିତି ଫେରିଆସେ
ପହଁରୁଥିବା ସ୍ୱପ୍ନର
ଅଧା ନିଦରୁ,
ସକାଳର ପଣତକାନିକୁ ।

■

ମୁଁ ତ ଅନୁଗତ

ମୁଁ ତ ଅନୁଗତ
ସେ ଅଚିହ୍ନା ଆତ୍ମାଙ୍କୁ
ଯିଏ ବାଣ୍ଟିଦେଲେ,
ଓଠ, ଆଖିରୁ ଫଗୁଣ,
ଖୋଲା ଝର୍କାରୁ ଜହ୍ନ
ମୋ ହାତରେ ଧରାଇଦେଲେ,
ଆଞ୍ଜୁଳାଏ, ଲୁହର ଶ୍ରାବଣ ।

ମୁଁ ତ ଅନୁଗତ, ସେ ଜହ୍ନକୁ
ଯିଏ ତାରାଙ୍କ ସାଙ୍ଗରେ
ଗପ କରୁ କରୁ, କୋଳାଗ୍ରତ କରୁଥାଏ,
କୁଆଁତାରାକୁ ।
ଆକାଶର ମୁକୁଳା ଛାତିରୁ
ବିଞ୍ଚି ଦିଏ ମୋ ଶେଯରେ
ଦ୍ରବୀଭୂତ ଡାହାଣିଆ ଛାଇ
ଆଉ କାହା ଆଖିର
ନଦେଖିଲା ସ୍ୱପ୍ନ
ସେମାନେ ଖଟ ଉପରେ, ଖୋଜନ୍ତି
ମାଟି ତଳେ ପୋତା ଦୁର୍ଗ
ନିଜେ ନିଜକୁ ଖୋଜନ୍ତି,
ପିଲାଙ୍କ ପରି କାନ୍ଦନ୍ତି ।

ମୁଁ ତ ଅନୁଗତ
ମୋ ଚଟାଣ ପରି ମନକୁ,
ଯେଉଁଠି ନିତି ଗୋଟେ
ଇଚ୍ଛାର ଗାଲିଚା, ବିଛାଯାଏ
ସଜାଯାଏ ଫୁଲଦାନୀ
ଅଭିମାନୀ ମନ ମୋର
ବେଳେବେଳେ ମନ ଖୋଲି କାନ୍ଦେ
ଅନ୍ଧାରୀ ଗୁମ୍ଫାରେ,
ଶିଳାଲିପିଟି,
ନିଜକୁ ପଢ଼ି ନ ପାରି
କାନ୍ଦିଲା ପରି!!

କୃତଜ୍ଞ ଦର୍ପଣ

ଥରେ ସମର୍ପି ଦେଲେ
ଦର୍ପଣ ଭିତରେ ବନ୍ଦୀ ହୋଇଯାଏ ମୁହଁ
ଲଙ୍ଘି ପାରେନା ତା' କୂଳ,
ଉଡ଼ିପାରେନା ଡେଣା ମେଲାଇ
ପକ୍ଷୀଟିଏ ପରି, ଏ ଗଛରୁ ସେ ଗଛ,
ତା' କୋଳକୁ ପ୍ରତ୍ୟାଖ୍ୟାନ
କରିପାରେନା ବୋଲି ତ ସେ
ଧରି ରଖେ ପ୍ରତିଦିନ
କାହାରି ନା କାହା ମୁହଁ
ଛନ୍ଦିଦିଏ, ତା' ନିରବ ମୋହରେ।
ଦର୍ପଣ ତ ଗୋଟେ ଅନାଘାତ ଫୁଲ,
ତା' ଗନ୍ଧରେ ଟଳମଳ,
ସବୁ ମୁହଁ,
ଆତଯାତ ହେଉଥିବା
ଆଲୋକ, ଅନ୍ଧାର,
ଛାଇ ଆଉ
ଭାଙ୍ଗି ଯାଇଥିବା
ହୃଦୟର ଧୂଳିକଣା
କାହାର କାନ୍ଦଣା !

ଅନେକ ସ୍ମୃତିର ଅଭିଲେଖ
ଝୁଲୁଥାଏ ଦର୍ପଣରେ, ଯାହାକୁ
ଲିଭେଇ ପାରେନା
ଝାପ୍ସା ଧୂଳିର ପରସ୍ତ,
ବହୁଦିନୁ ଭୁଲିଥିବା ଦର୍ପଣଟି
ଦେଖାହେଲେ ଚିହ୍ନି ଦିଏ
ଖୁସି ହୁଏ,
ବେଳେ ବେଳେ ଅଶ୍ରୁ ଆଉ ଆବେଗରେ,
ଟଳମଳ ତା' ଆଖିରେ
ଧରିରଖେ ପ୍ରତିବିମ୍ବ
ସମ୍ଭାଳିନିଏ ନିଜକୁ
ଦର୍ପଣ ଲୁଚାଇପାରେ
ସବୁ ଦୁଃଖ, ଯାବତ୍ ସଂତାପ
କୃତଜ୍ଞତାରେ ଚାହିଁଥାଏ
ତାରା ପରି ଚକ୍ ଚକ୍!

ଚିଠି

ଚିଠି ଯେବେ ଲଫାପାର
ଚାରି କାନ୍ଥରୁ ମୁକୁଳିଯାଏ
ଅନ୍ତରଙ୍ଗ କରିଦିଏ
ଆଖି, ଆଙ୍ଗୁଠି, ବର୍ତ୍ତମାନ
କ୍ଷଣିକ ଉତ୍କଣ୍ଠାର ସମ୍ମୋହନରେ
ନିରବ ହୋଇଯାଏ,
ପାଦ ଶବ୍ଦର କୋଳାହଳ,
ମହୁମାଛିର ଗୁଞ୍ଜନ
ନିଃଶବ୍ଦ ଚାରିକାନ୍ଥରେ ଛାଇଯାଏ
ନିଃଶ୍ୱାସର ପ୍ରତିଧ୍ୱନି
କୋଠରୀ ସାରା ଦ୍ରବୀଭୂତ
ହୋଇଯାଏ ଚିଠିର ଆଗ୍ରହ।

ଅସ୍ଥିର, ଉତ୍ତାଳ ଆଖି
ହାଲୁକା ହାଲୁକା ଶିହରଣ
ଚିଠି ପଢ଼ିବାକୁ
ହାତର ଆଙ୍ଗୁଠି ସବୁ
ଟଳଟଳ ଅତ୍ୟନ୍ତ ଚଞ୍ଚଳ
ପ୍ରେମିକାର ଲୁହ ବାସ୍ନାରେ
ଚିଠିଟି ଭିଜିଛି, ବୋଧେ

ତା' ଆଖି ଭିତରେ ମେଘ,
ଅଲୋଡ଼ାପଣର ଦୁଃଖ
ଏକା ଏକା ଲୁଚାଇ ରଖିଛି ସବୁ
ସଂଗୃହୀତ ଭଙ୍ଗା ଭଙ୍ଗା ସ୍ୱପ୍ନ
ଇଏ ଚିଠି ନୁହେଁ,
ଭୁଲାପଣର ଆଲିଙ୍ଗନରୁ
ଜନ୍ମିଥିବା ଅସରାଏ ବର୍ଷା
ଯାହା ଭିଜେଇ ଦେଇଛି ତା'
ଆଖିର ଅସ୍ଥିର ପଣତ
ଓ ସବୁଯାକ ଦୁଃଖ !

ନଈ ତୁଠ

କାଖରେ କଳସୀ ଧରି
ଗାଁ ଦାଣ୍ଡରେ ଗପି ଗପି
ନଦୀକୁ ଯାଉଥିବା, ସକାଳର
ଲଳନାମାନେ,
ମନଭରି ପିଇ ଯାଆନ୍ତି
ସଖୀମାନଙ୍କ, ରାତ୍ରୀର ଅନୁଭୂତି
ଈର୍ଷାତୁର ପଡ଼ୋଶୀଙ୍କ କୋପଦୃଷ୍ଟି,
ସମ୍ପର୍କର ଦୂବକାକରରେ
ଶାଶୂ ବୋହୂ କେମିତି ଭିଜନ୍ତି
ଅକୃତଜ୍ଞ ପ୍ରେମିକ ଚିଠିରେ
ମଲା ନଈର ବିଶ୍ୱାସ
ଗପ ଶୁଣୁ ଶୁଣୁ ଆସିଯାଏ
ନଦୀକୂଳ ପାଂଶୁଳ ଆକାଶ।

କଳସୀ ଭରିଲା ଆଗରୁ
ସ୍ଥିର ଜଳରେ ଦେଖିନିଏ ନିଜ ମୁହଁ
ସାରା ରାତି ରତ ରତ ଅନ୍ଧାରରେ
କେଉଁ ସ୍ୱପ୍ନର ଅର୍ଦ୍ଧ ଆଲିଙ୍ଗନରେ
ସେ ତ ପଦ୍ମପୋଖରୀରୁ
ତୋଳିଥିଲା ପଦ୍ମନାଡ଼।

ପିଇଥିଲା ପଦ୍ମପତ୍ରରୁ ଜଳ,
ତା' ଢଳଢଳ ଆଖିରେ
ଜକଜକ ଦେଖାଯାଏ
ସବୁ ପ୍ରତିବିମ୍ବ,
ବିମୋହିତ ବ୍ୟାଧର ଶିକାର ।

ବହୁତ ସନ୍ତର୍ପଣରେ
ସ୍ନାନ କରିବାକୁ ହୁଏ,
ଆଗରେ ନଈ ଭିତରେ କୁମ୍ଭୀର
ନଦୀ ପଠାରେ ନିର୍ଲିପ୍ତ ଆଖିରେ
ତା' ଭିଜା ଦେହକୁ ଦେଖୁଥିବା
ନିର୍ଲଜ୍ଜ ପଥିକ,
ଗଛ ଡାଳରେ ନିର୍ଦ୍ଦୟ ପକ୍ଷୀଟି
ଖୁମ୍ପୁଥାଏ ଶାଢ଼ିର ଆଞ୍ଚଳ ।

ସ୍ନାନ ସାରି ସେ ନଈ କୂଳରେ
ଛାଡ଼ିଦେଇ ଆସେ ସୂର୍ଯ୍ୟ ପାଇଁ
ଆଞ୍ଜୁଳାଏ ଅର୍ଘ୍ୟ
ରାତିରେ କାନ୍ଦିପାରିନଥିବା
ସବୁଯାକ ଲୁହ
କିଛି ନିଦାରୁଣ ଶୋଷର ନିଃଶ୍ୱାସ
କଳସୀରେ ଭର୍ତ୍ତି କରି ଆଣେ
ସୂର୍ଯ୍ୟସ୍ନାନ ଆଗାମୀ ଭବିଷ୍ୟ
ଛାତିଏ ବିଶ୍ୱାସ
ଅଗଣାଏ ଆଶାର ଦାମ୍ପତ୍ୟ !

■

ସାଙ୍ଗ

ଅନେକ ଦିନ ପରେ ଦେଖାହେଲା
ପିଲାଦିନର ସାଙ୍ଗ
ବସିଲୁ, ଗପିଲୁ,
କୁଆଁତାରାର କାକର ପରି
ସ୍ମୃତିରେ ଭିଜିଲୁ,
ତା' ହସର ଡାହାଣିଆ ଖରାରେ
ଚନ୍ଦନ ଚର୍ଚ୍ଚିତ ହୋଇଗଲା
ମୋ ମନର ସକାଳ ପବନ
ସବୁ ବେଦନା, ସଂବେଦନା
ଜୀବନର ସମସ୍ତ ବାସ୍ନା
ଖୋଲା ଝର୍କାର ଜହ୍ନ ପରି
ଘଡ଼ିକରେ ଆମ ମନ
କଅଁଳ ଜ୍ୟୋସ୍ନାରେ ଭିଜିଗଲା
ଛାତିରେ ସାଇତି ରଖିଥିବା
ସବୁକଥା, ଚିରାଫଟା
ମଇଳା ସ୍ୱପ୍ନ ବି ବାହାରି ଆସିଲା
ବହୁଦିନର ସୂତାରେ ସିଆଁ ଓଠରୁ ।
ପ୍ରଜାପତି ସମ ଉଡ଼ିଲୁ ଘଡ଼ିଏ
ଏଣେତେଣେ କଦଳୀ ବଣରେ ।

ସତରେ ଅକସ୍ମାତ୍ ସାଙ୍ଗଟିଏ
ମିଳିଗଲେ, ମିଳିଯାଏ
ହଜିଗଲା ଗୁଡ଼ି,
କାନ୍ଦୁଥିବା ମନ ମଧ୍ୟେ ହସିଉଠେ,
ମିଳିଯାଏ ଆଶାର ଦିହୁଡ଼ି,
ଦେଖା ନ ହୋଇଥିଲେ,
ମୁଁ କେମିତି ଜାଣିଥା'ନ୍ତି
କିଏ ଉଡ଼ିଛି କେତେ ଦୂର
ଆରୋହଣ, ଅବରୋହଣ
ଉତ୍ଥାନ ପତନ,
ଏତେ ଖରାବର୍ଷାରେ ଭିଜି ମଧ୍ୟ
ଆମର ମନେଅଛି ସେ
ବିତିଗଲା ଦିନ।

ଗଲାବେଳେ,
ମୋ ଫଟା ଚପଲ ଦେଖି
କହିଲା, ''ଜୋତା ହଳେ କିଣ୍''
ଭାରି ଭଲ ଲାଗିଲା
ମୁହଁରେ ମେଘର ବାସ୍ନା
ସ୍ନାୟୁରେ ଶିହରିଗଲା ତା' କଥା
ଜୋତା ହଳେ କିଣିଲି,
ନୂଆ ଜୋତାରେ
ପୁରୁଣା ସାଙ୍ଗ କାନ୍ଧରେ
ହାତ ରଖି, ଘଣ୍ଟାଏ ଚାଲିଲି।

ଅଜ୍ଞାତବାସ

ମେଘଭସା ଆକାଶ ତଳେ
ଜୀବନଟା ମୟୂରୀର ନାଚ ପରି
କେତେବେଳେ ଜହ୍ନରାତି
କେତେବେଳେ ବହଳ ଅନ୍ଧାର।

ନିଃସର୍ତ୍ତ ନିରବତା
ଆଣିଦେଲା ମରୁଝଡ଼
ବିନା ପାଦ ଶବ୍ଦରେ
ଅପନ୍ତରା ପାଣି କାଦୁଅରେ
ପଶିଆସିଲା ଧୂଆଁ ଧୂଆଁ
'କରୋନା'ର ନିଛାଟିଆ ଖରାବେଳ
କୋକୁଆ ଭୟରେ, ହଜିଗଲା
ଜୀବନର ବାସ୍ନା ଭରା
ଚନ୍ଦନ ମହକ
ଏପରିକି ପହଡ଼ ପକେଇ
ଈଶ୍ୱର ଲୁଚି ରହିଲେ,
ମନ୍ଦିରରେ, ଅଜଣା ଭୟର
ଅଣଚାଶ ପବନରେ,
ମେଘରୁ, ଦେହରୁ, ବନ୍ଧୁତ୍ୱରୁ
ହଜିଗଲା ଆତ୍ମୀୟତା,

ଆଉ, କୋଳକୋଳିର ମୁହୂର୍ତ୍ତ
ପଥର ପାଲଟି ଗଲା
ପ୍ରବାହିତ ହସର ଝଲକ।

ଜହ୍ନର ଦୁଃଖ

ସବୁଦିନ ଆକାଶ,
ସିନ୍ଦୂରିତ ହୁଏ
ନିଘୋଡ଼ ନିଦରେ
ପତ୍ର, ଡାଳ, ଫୁଲ,
ସ୍ୱପ୍ନର ବାର୍ତ୍ତା ବାଣ୍ଟିଲା ବେଳକୁ
ଜହ୍ନ ଡାକୁଥାଏ ଚାପା ଓଠରେ
ତାରାମାନଙ୍କୁ କହିବାକୁ,
ଅନ୍ତରର ବ୍ୟଥା !

ଉନ୍ମୁକ୍ତ-ଉଲଗ୍ନ ତାରାମାନେ
ପକ୍ଷୀମାନଙ୍କ ପରି,
ଦୂରତା ରଖି ଉଡୁଥାନ୍ତି
ଆକାଶରେ,
ବିନ୍ଦୁ ବିନ୍ଦୁ କାକରରେ,
ସକାଳର ଘାସ
ଭିଜିଲେ ବି ତାରାଚନ୍ଦ୍ର
ସମାନ ଦୂରରେ ବସିଥାନ୍ତି,
ରାତିସାରା ଲୁହରେ ଲୁହ,
ହାତରେ ହାତ,
ଆଖିରେ ଆଖି
ମିଶି ପାରେନା ।

ଦୁଃଖୀ ଜହ୍ନ ତୃଷାର୍ତ୍ତ କପୋତ ପରି
ରାତି ସାରା ଚାହିଁଥାଏ,
ଅଥର୍ବ ଆକାଶରେ ତାରାଙ୍କ ମୁହଁକୁ,
ସମ୍ପର୍କର ଛୋଟ କଥାଟିଏ,
କହିବ ବୋଲି
କହି ପାରୁନି କି, ଧରି ପାରୁନି
ହାତଟିଏ ମେଘ ଢଙ୍କା ଆକାଶରେ
ସେ ସେମିତି ଅଧା ଅନ୍ଧାରରେ
କ୍ଷୁଧା, ଯନ୍ତ୍ରଣାର ମୁରୁଜ ପକାଇ
ଅପେକ୍ଷା କରିଛି, କହିବାକୁ
ଗାଢ଼ତମ ରାତ୍ରିର ରହସ୍ୟ
ତୃଷାତୁର ଓଠକୁ ତା'ର
ଘେରି ରହିଛି ଦର୍ପଣରେ
ସବୁଯାକ ଶୋଷ ।

ସ୍ୱପ୍ନରେ ଛାଇରେ

ଯେଉଁ ଗଛ ଛାଇରେ
ଦିନେ ତୁମେ ବସିଥିଲ
ସେ ଛାଇରେ ଲଗାଇଛି
ସ୍ନେହ ଆଉ ପାଉଁଶର ଦୂବଘାସ
ତା' ଭିତରୁ ଖୋଜୁଛି
ନିଷିଦ୍ଧ ଜହ୍ନ ରାତିର
କୋମଳ ନିର୍ଯ୍ୟାସ,
ତା' ଦରଫୁଟା ବର୍ଣ୍ଣିଳ
ପାଖୁଡ଼ା ଭିତରେ ଗୁଞ୍ଜରୁଛି
କୋଇଲିର କୁହୁତାନ
ମିଠା, ଖଟା, ଉଦାସ ଶ୍ରାବଣ,
ସେ ଦୂବ ଭିଜାଇଦିଏ,
ଗଛର ମଳୟ
ଗଭୀର ବିଶ୍ୱସ୍ତତାରେ
ରାତି ପରି ନିରବରେ
ପବନ ଆଖିରୁ ଖୋଜେ
ହୃଦୟର ଗଭୀରତା
ଆକୁଳତାର ବାସ୍ନା
ତା' ଛାଇରେ ଭିଜିଥାଏ
ଶୀତଳ ପୃଥିବୀର

ଅନ୍ଧାର ଆର୍ଦ୍ରତା,
ସେ ଛାଇରେ ତୁମେ
ତୁମ ଛାଇରେ ମୁଁ
ମୋ ଛାଇରେ ଛଟପଟ
ସ୍ୱପ୍ନଟିଏ, ନିଦୁଆ ମାଛ ଆଖିରେ
ପହଁରୁଛି ବିନା ପାଣିର ନଦୀରେ
ଅନ୍ତରଙ୍ଗ ଲୁହଭରା ସ୍ରୋତ
ଲୁଚାଇ ଦେଇଛି ତା' ଭିତରେ
ଭୋକିଲା ଭିକାରିଟିର
ପାଉଁଶିଆ ପ୍ରାଣର କରାଳ
କେଉଁ କାଳୁ ଭାଙ୍ଗି ଯାଇଥିବା
ନିର୍ବାକ ଦେଉଳ।

■

ଦିବ୍ୟ ପ୍ରତିବିମ୍ବ

ତୁମେ ଶାନ୍ତ, ତୁମେ ସୌମ୍ୟ
ତୁମେ ହସ, ତୁମେ ବାସ୍ନା
ତୁମେ ଜହ୍ନ, ତୁମେ ପୁଣ୍ୟ
ତୁମେ ସ୍ୱପ୍ନ, ତୁମେ ଫୁଲ
ତୁମେତ ସବୁଜ ଘାସ,
ବାସ୍ନାଭରା ଦୂବର କାକର
ତୁମେ ତ ମେଘଢଙ୍କା
ନିରବ ଆଲୋକ
ମେଞ୍ଚାଏ ସ୍ୱପ୍ନର ଡଙ୍ଗା,
ଭାସୁଥାଅ ଦୋହଲି ଦୋହଲି
ଛୁଇଁବାକୁ ଦୂର ଦିଗ୍‌ବଳୟ,

ତୁମ ଆଖି ଦେଖିପାରେ
ଇନ୍ଦ୍ରଧନୁର ପରରେ ଲେଖାଥିବା
ଭାଗ୍ୟରେଖା,
କୃଷ୍ଣଚୂଡ଼ା ନଇଁଆସେ,
ପବନରେ,
ନିଛାଟିଆ ଖରାବେଳେ,
ତୁମ କାନିରେ ବାନ୍ଧିଦିଏ
ନିଛାଟିଆ ତୃଷ୍ଣାର କୁହୁକ

ତୁମେତ ପବନରେ ଭାସୁଥିବା
ଚନ୍ଦନ ବନର ଏକ ବିପୁଳ ମହକ !

ନିବିଷ୍ଟ ମେଘର ଦେହରେ
ତୁମେ ବର୍ଷାର ଆହ୍ଲାଦ
ସବୁ ଅସମର୍ଥ ଆଶାର ହାତରେ
ବହ୍ନିମୟ ଇଚ୍ଛାଙ୍କ ଅକ୍ଷର
ସବୁ ସ୍ୱପ୍ନରେ ଖିଲି ଖିଲି ହସଟିଏ
ଅନ୍ଧାର ମଧ୍ୟରେ ଗାରେ ଜହ୍ନର ଆଲୁଅ
ତୁମେ ମନ, ତୁମେ ପ୍ରାଣ, ତୁମେ ଗନ୍ଧ,
ଦର୍ପଣରେ ତୁମେ ଗୋଟେ
ଦିବ୍ୟ ପ୍ରତିବିମ୍ବ ।

ଯେଉଁଠି ଆକାଶ ସରେ

ଯେଉଁଠି ଆକାଶ ସରେ
ଖସି ପଡୁଥିବା ନକ୍ଷତ୍ରଙ୍କ
ଅଜଣା ବ୍ୟଥାରେ,
ଜାଜ୍ୱଲ୍ୟମାନ ସମୟର
ଭଙ୍ଗା ଦର୍ପଣ କିଛି କ୍ଷଣ
ଅଟକିଯାଏ ସେଇଠି,
ପକ୍ଷୀଙ୍କ
ପରରେ ଓହ୍ଲାଇ ଆସେ
ସୂର୍ଯ୍ୟାଲୋକ
ସାମୟିକ ଧୂଳି ଝଡ଼ରେ
ଉଡ଼ିଯାଏ ଶୁଖା ପତ୍ର
ଇନ୍ଦ୍ରଧନୁ ନିର୍ଜନତାରୁ ଖୋଜୁଥାଏ
କେହି ନଥିବାର,
ଏକ ନିଜସ୍ୱ ଆକାଶ
ନଦୀକୂଳର କାଶତଣ୍ଡି
ବଂଶୀର ବାଉଁଶ,
ସବୁ ଦୀର୍ଘଶ୍ୱାସରେ ଥାଏ
କିଛି ନା କିଛି ରହସ୍ୟ
ଲୁହ ପ୍ରଳୟର ସ୍ୱପ୍ନ
ଅଦେଖା ସୂର୍ଯ୍ୟାସ୍ତ

ସମୟର ବିସ୍ତାର ବାହୁରେ
ଗୋଟେ ଲୁଣ୍ଠିତ ଅତୀତ କି ବର୍ତ୍ତମାନ।
ଶେଷ ତମ ଅସ୍ଥିରତା,
ଶୁଷ୍କନଦୀର ନିସ୍ତବ୍ଧତା
କହିଆସୁଥିବା ତାରାଙ୍କ ଆଖିରେ
ଗାଢ଼ କଳାରାତିର ବ୍ୟସ୍ତତା।

ଛାଇ କୋଳରେ

ଛାଇରେ ବସିବସି
ବିତିଗଲା ଜୀବନ
ପିଲାଦିନେ ବାପାଙ୍କ ଛାଇରେ
ଚାଲୁଥିଲି, ବସୁଥିଲି
ଭସାଉଥିଲି ମୋ
ଅସୀମ ଇଚ୍ଛାଙ୍କୁ
ତରଳାଇ ଦେଉଥିଲି
ସବୁ ସ୍ୱପ୍ନ ଧୀରେ ସୁସ୍ଥେ
ସନ୍ତର୍ପଣରେ ।

ଖରାବେଳେ, ବୋଉର
ପଣତକାନି ଛାଇରେ
ଶୋଇ ଶୋଇ ଶିଖୁଥିଲି
ବଞ୍ଚିବାର କଳା,
ତା' କାନିରେ ବନ୍ଧାଥିଲା
କୁନି କୁନି ଚଟିଆଙ୍କ,
ଚପଳତା ଚନ୍ଦ୍ରିକାର
ମଧୁର ମୁଗ୍ଧତା !
ଭୋକ ଶୋଷଙ୍କୁ
ବାନ୍ଧି ଦେଉଥିଲି, ସେ କାନିରେ
ଦୁଃଖ, କଷ୍ଟ, ଉଦାସୀନତା

ବିଶ୍ୱାସର ପବିତ୍ର ବିଭୂତି,
ସ୍ନାୟୁରେ ଶିହରୁଥିଲା
ମୋ ଛନଛନ ସ୍ୱପ୍ନ ଭରା ଆଖି !

ତା' ପରେ ମୁଁ ସ୍ୱପ୍ନଙ୍କ ଛାଇରେ
ଗେଣ୍ଡାଳିଆ ପରି
ପର ଝାଡ଼ି ଚହ୍ଲୁତ ଉଡ଼ିଲି
ହଂସ, ସାରସ ଭଳି ପହଁରିଲି
ଫୁଲ ବଣରୁ ତୋଳି ଆଣିଲି
ପ୍ରଜାପତିଙ୍କ ସ୍ୱର,
ଘାସଙ୍କ ଆଖିରୁ ସବୁଯାକ
ସବୁଜ ସଙ୍ଗୀତ !
ନଦୀର ଛାଇରୁ
ଶିଖିଲି ମୁଁ ଚଞ୍ଚଳତା
ଝରଣାରୁ ସବୁ ମୁଖରତା ।

ସବୁଠୁଁ ଭଲ ଲାଗିଲା
ସ୍ୱପ୍ନଭରା ଅନ୍ଧାରର ଛାଇ
ଯେଉଁଠି ନ ଥାଏ
ଦୁଃଖ, କଷ୍ଟ, କ୍ଲାନ୍ତିର ଶିଉଳି,
ଯୁଗ ଯୁଗର ତୁଷାର ଭଳି
ତରଳି ଯାଏ ସେଠି
ସବୁ ଦୀର୍ଘଶ୍ୱାସ
ହସି ହୁଏ ନିଜ ଇଚ୍ଛାର ହସ,
ସବୁ ଛାଇରେ ଭରା ଥାଏ
ଅନେକ ରହସ୍ୟ
ସେଠି ବସି ଆଙ୍କି ହୁଏ
ସ୍ୱପ୍ନର ଆକାଶ !

■

ସେଦିନ ଦେଖାପରେ

ସେଦିନ ଦେଖାପରେ
ଇଚ୍ଛାହୁଏ ବାରମ୍ବାର
ଦେଖିବାକୁ ସେ
ଢଳ ଢଳ ଅନନ୍ତ
ପ୍ରଲୋଭିତ ମାଛଆଖି
ମୋହିନୀ ମାୟାର ସେ
ବିଭୋର ବିଜୁଳି
ଆକୁଳ, ଈପ୍‌ସିତ,
ସ୍ନେହ ଆଲିଙ୍ଗନର
କଳ୍ପିତ, ଫଗୁଣ।

ସେଦିନ ଦେଖାପରେ
ଆଉ ଏକ ସାକ୍ଷାତର
ସହଜ ସୁନ୍ଦରୀ
ମୋ ହାତ ଧରି ଟାଣୁଛି,
ବାରମ୍ବାର ସେ ନୀଳାଭ ଆଲିଙ୍ଗନକୁ
ସମୁଦ୍ର ବାଲିକୁ,
ଇଚ୍ଛା ହୁଏ ମାଛଟିଏ ହୋଇ
ପହଁରନ୍ତି, ସେ ଢେଉରେ
ଗଭୀର ଅନ୍ତରଙ୍ଗତାରେ

ଭାସିଯା'ନ୍ତି ସମୁଦ୍ର ସ୍ରୋତରେ !
ତୁମର ସେ କୁଆଁତାରାର ସକାଳ
ନିଘନ କୁହୁଡ଼ି,
ହସ, ହସ, ସହମତିର ଅଶ୍ରୁ,
ଆଉଁଶି, ଅଣ୍ଡାଳି, ଘଷିପୋଛି
ବସାଇ ଦିଅନ୍ତି ମୋତେ
ମଧୁବନ, ଛନଛନ
ନିତ୍ୟ ଉଦାସ ଛାଇରେ !

ତୁମ ସ୍ମୃତି
ଲୁହରେ, ଲହୁରେ, ଅନ୍ଧାରରେ
ସୁଗନ୍ଧ ପବନରେ,
ମୋ ଆସ୍ଥାନ, ସିଂହାସନ
ପ୍ରଜାପତି ପରି ଉଡୁଥିବା ମନରେ
ଫୁଲର ପୋଷାକ ପିନ୍ଧି
କାଟୁଛନ୍ତି, ଶୀତରାତି
ଖାଁ ଖାଁ ପ୍ରବଳ ଇଚ୍ଛାରେ !!

ଚିଠି

ଅନେକ ସାହସ ବାନ୍ଧି
ହୃଦୟର କଥା କହିବାକୁ
ଚିଠି ଖଣ୍ଡେ ଲେଖିଥିଲି
ମୋ ମନର ତୁଷାର ପରି
ଧବଳ ଠେକୁଆ
ଜହ୍ନରୁ ଓହ୍ଲାଇ
ବାଟ ଭୁଲି ଦୌଡୁଛି ଚିଠିରେ
କଅଁଳ ଦୂବ ପରି
ଚିଠି ତାକୁ ଲାଗୁଛି ଭାରି ନରମ ନରମ।

ସେ ଛୋଟିଆ ଚିଠି ଭିତରେ
ଚିରାଫଟା ସବୁ ସ୍ୱପ୍ନ
ଝର୍କା ଫାଙ୍କରୁ ପଶିଆସୁଥିବା
ଆତ୍ମୀୟତାର ଢଳଢଳ
କାତ-ଅକାତ ଲୁହଙ୍କର ଢେଉ
ଓଦା ଓଦା ଦୁଇଟି ହୃଦୟ
ଆଉଁଶିବାକୁ ଲମ୍ବିଆସେ ହାତ
ସିଏ ହାତ ନୁହେଁ
କିଛି କୋମଳତା କିଛି ଅପେକ୍ଷା
ସବୁକିଛି ସହିବାର
ନିରବ ମମତା।

ଚିଠି ଖୋଜେ,
ସ୍ୱପ୍ନ, ନିଃସର୍ତ୍ତ, ଉଦାସ, ଅଭିମାନ
ଘନଘୋର ଅରଣ୍ୟରେ
ମାୟାର ମୃଗୁଣୀ,
ବାସ୍ନାଭରା, କଅଁଳିଆ କଢ଼
ଫୁଲଭରା କେଶ,
ଲତାକୁଞ୍ଜରେ କିଏ
ଛାଡ଼ିଯାଇଥିବା
ଛାତିଏ ନିଃଶ୍ୱାସ ଆଉ
ବାସ୍ନାଭରା ଚିତ୍ରିତ ଆକାଶ ।

■

ଜୀବନ

ଜୀବନର ସବୁ ମୁହୂର୍ତ୍ତକୁ
ସିଲେଇ କରି ସୂତାରେ
ମାଳା କରି ପିନ୍ଧିପାର
କାନ୍ଦ, ଗାଅ, ହସ
ଆଖି ଖୋଲ
ଆବିଷ୍କାର କର
ଅନ୍ଧାର ଭିତରେ
ଫୁଟିଥିବା ଫୁଲ
ଝରଣା ଓ ଝାଳ,

ଧୁଅ, ଶୁଖାଅ
ପଳ ପଳ ସ୍ମୃତିକୁ
ଛାଇଭଳି ପିନ୍ଧ,
ସ୍ନାୟୁରେ ଭର୍ତ୍ତିକର
ମୁହଁ, ମେଘ କୃତଜ୍ଞତା
ହସ ଓ ବତାସ
ଅସହାୟ ସ୍ୱପ୍ନଙ୍କ ଉଦାସ,
ଚେନାଏ ବିଜୁଳି ପରି
ଆଲୋକିତ କର
ମେଘର ଆକାଶ

ଭୁଲିଯାଅ ଦିନେ ଏଠି
ଶୂନ୍ୟତାକୁ ଖୋଜିବାକୁ
ମାଟିର ଛାତିକୁ ଚିରି
ଦୌଡ଼ିଥିଲ ଖରାବେଳେ
ଚଞ୍ଚଳ ପାଣିରେ
ଧରିଥିଲ ମାଛ
ଜୀବନଟା କିଛି ନୁହେଁ
ଗୋଟେ ଖାଲି ଅଦେଖା ସ୍ୱପ୍ନର
ଏକ ନିବୁଜ ଆକାଶ।

ଦାବାଗ୍ନି

ଖଣ୍ଡେ ଚିରା କାଗଜରେ
ଲେଖା ଯାଇପାରେ
ସମୟର ଇଚ୍ଛାପତ୍ର
ସ୍ୱପ୍ନର ଫରୁଆରେ
ରଖା ଯାଇପାରେ
ଲୁହ ଓ ନିଃଶ୍ୱାସର
ଇନ୍ଦ୍ରନୀଳ ନିର୍ମାୟା ସଂସାର
ପକ୍ଷୀର କାକଳୀ
ସ୍ମୃତିରେ ଚରିଯାଇଥିବା ଶିଉଳି
ଉଡ଼ିଯାଇଥିବା ବିଶ୍ୱାସ ପାଉଁଶ
କିଛି ରାତ୍ରିର ରହସ୍ୟ !

ଜାଣି ପାରେନା ଅରଣ୍ୟ
ଜଳିଯାଏ,
ଆଗ୍ନେୟ ଅଭିମାନର
ଲେଲିହାନ ଶିଖାରେ
ଘନ ବିଜୁଳି ଘଡ଼ଘଡ଼ି
ଶଙ୍ଖଧ୍ୱନି,
ମାୟା କଦମ୍ବ, ଅନ୍ତରୀକ୍ଷ
ମରଣ ପରର ମଣିଷ

ଜଳିଯାଏ ଶ୍ମଶାନରେ
ମୃତକର ବିଛଣାରେ
ଜଳୁଥାଏ, ଦୀପ କି ଲଣ୍ଠନ !

ଏକାନ୍ତରେ

ମୁଁ ସମ୍ଭାଳି ନେଉଛି ନିଜକୁ
ଏକା ଏକା ବସି ବସି
ଦର୍ପଣର ପ୍ରତିବିମ୍ବରେ
ଝରା ଗଙ୍ଗଶିଉଳିରେ
କାକରର ଘାସ ମୁଁ ଭିଜୁଛି
ନିରବ ପକ୍ଷୀଟି
ନିଜ ଡାଳରେ ବସି ବସି
ସୂର୍ଯ୍ୟାସ୍ତ ଦେଖୁଛି
ମୁଁ ମୋ ନିଜର ସ୍ୱପ୍ନ
ମୁଁ ମୋ ଶବ୍ଦ, ମୁଁ ମୋର ଶୋଷ
ମୁଁ ଆକାଶ, ମୁଁ ଶ୍ରାବଣ
ପୂନେଇଁର ଜହ୍ନ,
ମୁଁ ବର୍ଷୁଛି, ମୁଁ ଭିଜୁଛି
ରାତିମାନଙ୍କୁ ଫେରାଇ ଦଉଛି
ଦେଖିଥିବା ସ୍ୱପ୍ନ
ଦୁଃଖକୁ ଉଦାସ
ଅତୀତକୁ ପ୍ରତିଶ୍ରୁତି
ମୋ ଖିଆଲକୁ
ଫେରାଇ ଦେଉଛି
ରାତ୍ରିର ରହସ୍ୟ
ମୋ ଉଦାସ ଅସ୍ତିତ୍ୱ ।

ଫିକା ଫିକା ଲାଗେ ସବୁ,
ଅତୀତ କି ବର୍ତ୍ତମାନ
ସାମ୍ରାଜ୍ୟ କି ସିଂହାସନ
ଫେରିଯିବାକୁ ଇଚ୍ଛାହୁଏ
ସେ ପରିତ୍ୟକ୍ତ ଅନ୍ଧାରକୁ
ଜଳୁଥିବା, ସ୍ୱପ୍ନଙ୍କୁ ଲିଭେଇବାକୁ,
ହଜି ଯାଇଥିବା ଦର୍ପଣରେ
ପୁଣି ଥରେ ମୁହଁ ଦେଖିବାକୁ।

ହାତ

ଧରିବା
ଆଉଁଶିବା
ଫୁଲ ତୋଳିବା
ଅନ୍ଧୁଣୀର ହାତ ଧରି
ରାସ୍ତା ପାରି କରିବା
କାମ ହାତର,
ବର୍ଷାରେ ଭିଜି
କାନ୍ଦୁଥିବା ଲଙ୍ଗଳା ପିଲା
ଆଖିରୁ କି
ଘନ ଗୋଟେ ଡଙ୍ଗଲ ନିଆଁ ଘେରରେ
ଦୌଡୁଥିବା ମୃଗୁଣୀ ଆଖିରୁ
ଲୁହ ପୋଛିଦେବା
କାମ ବି ହାତର,
ହାତ ମିତ୍ର, ହାତ ଶତ୍ରୁ,
ହାତ ପ୍ରେମ, ହାତ ଅସ୍ତ୍ର
ହାତ ଆଙ୍କିପାରେ
ଆକାଶର ପଲପଲ
ତାରାଙ୍କର ଚିତ୍ର,
ଫୁଲ ମାଳ, ହସିଲା ବସନ୍ତ,
ହାତ ବନ୍‌ଶୀଟି ଧରି ବସିଥାଏ
ପୋଖରୀ କୂଳରେ
ମାଛ ଥୋପ ଗିଳିବା ଅପେକ୍ଷାରେ,

ହାତ ପ୍ରସ୍ତୁତ ଥାଏ
ମଶାଣି ଓ ବଜାରକୁ ଯିବାପାଇଁ
କାହା ସୁଖ ସଂସାରକୁ
ସ୍ନେହ, ଶ୍ରଦ୍ଧା, ସାହାଯ୍ୟ
ବଢ଼ାଇବାକୁ,
ଦୁଃଖିନୀ ଆଖିରୁ,
ପୋଛିବାକୁ ଲୁହ,
ହାତ ଲେଖି ପାରେ
ଚିଠି, କବିତା, ପ୍ରେମପତ୍ର,
ଫିଙ୍ଗିପାରେ ରାସ୍ତାରୁ ପଥର,
ଧରିପାରେ ପ୍ରଜାପତି,
ହାତ ଦେଖାଇପାରେ
ଅନ୍ଧାରକୁ ଦୀପ
ଆଙ୍କିପାରେ ଭାଗ୍ୟ, ଦୁର୍ଭାଗ୍ୟର
ସବୁଯାକ ଚିତ୍ର !

ମୁଁ ଜାଣେ,
ଯାହା ସାଇତି ରଖିବା କଥା
ହାତ ତାକୁ ଫିଙ୍ଗେନା
ଦୁଃଖରେ କି ନିର୍ଧୁମ ବର୍ଷାରେ
ବାନ୍ଧିଥାଏ ଅଣ୍ଟାରେ ବିଶ୍ୱାସ

କିଏ ଯଦି ହାତଟିଏ
ବଢ଼େଇ ଦିଏ
ସବୁ ହାତ ବଢ଼ିଯାଏ
ତା' ଆଡ଼କୁ
ମିଳିଯାଏ ଅଦିନରେ
ସାଙ୍ଗ ଓ ସଙ୍ଗାତ ।

ପିଲାଦିନର ଗାଁ

ସେଠି ସବୁଥିଲା
ବାସ୍ନା, ଧୂଆଁ
ଶସ୍ୟ, ଶ୍ୟାମଳା ଧାନବିଲ,
ଭୋକ, ଭୟ, ଫୁଲବଣ
ହସ, କାନ୍ଦ, ସହମତି
ରାସ୍ତାରେ କାଦୁଅ,
ଇନ୍ଦ୍ରଧନୁ, ନଈକୂଳ, ଜାମୁଗଛ
ପ୍ରିୟଜନଙ୍କ ସଂବେଦନା
ଅଝଟ କାନ୍ଦଣା ।

ବର୍ଷାରେ ଭିଜିଲା ପକ୍ଷୀ,
ଘାସର କାକର,
କାଗଜରେ ଡଙ୍ଗାକରି
ଭସଉଥିଲୁ ବର୍ଷାରେ
ଲୋଟା, ମୋଡା, ସ୍ୱପ୍ନରେ
ଗଢୁଥିଲୁ ବାଲିଘର,
ପରୀମାନଙ୍କ କଥାରେ
ଶୋଇ ପଡୁଥିଲୁ
ଆଈ ମା' କୋଳରେ
ଅଲିଅଳ ଶୈଶବର

ଅନ୍ଧାର, ଆଲୋକ
ସାରୁପତ୍ର, ପ୍ରଜାପତି, ହଳଦିବସନ୍ତ
ସଞ୍ଜବେଳେ ନଈକୂଳ
ଉଦାସ ଖରାବେଳରେ
ବାଉଁଶ ବଣରେ, ଖେଳ,
ମନେଅଛି ।

ମନେଅଛି
ଅକାତ କାତ ପାଣିରେ
ନଈରେ ପହଁରା
ଆତ୍ମୀୟତାର ଆଲିଙ୍ଗନ
ଚାଟଶାଳୀ ପାଠପଢ଼ା
ଖଡ଼ି, ସିଲଟ,
ଚାଳରେ ଚଟିଆ
ଗେହ୍ଲା ଗୁମାନର ଚିତ୍ରପଟ,
ସୂର୍ଯ୍ୟ ବୁଡ଼ିଗଲା ପରେ
ଜାଳୁଥିଲୁ ଡିବିରି, ଲଣ୍ଠନ
ସେ ଦାଣ୍ଡର କୋଳାହଳ
ନିଦ, ନିଃଶ୍ୱାସରେ
ଭରାଥିଲା ପିଲାଦିନ
ହସର ସ୍ପନ୍ଦନ ।

■

ମୁଁ ଯଦି ଜାଣିଥା'ନ୍ତି

ମୁଁ ଯଦି ଜାଣିଥା'ନ୍ତି
ତୁମ ଆଖିରେ,
ଲୁଚେଇ ରଖିଛି
ଏତେ, ରୂପ, ରସ, ଛନ୍ଦ
ଅସରନ୍ତି ବର୍ଷାରେ
ତିନ୍ତିବାର ଅନୁଭବ
ଧୂଳି, ଧୂପ, ବାସ୍ନା
କର୍ପୂର କି ଚମ୍ପାର ମହକ ।

ତେବେତ ଇନ୍ଦ୍ରଧନୁର ଛାଇରେ ବସି
ତୁମ ଆଖିରେ ଦେଖିଥାନ୍ତି ସ୍ୱପ୍ନ,
ତୁମ ପଣତର
ମୁଗ୍ଧ, ମଧୁର
ପ୍ରଲୋଭିତ ବାସ୍ନାରେ
ଭସେଇଥାନ୍ତି,
ମେଘ, ପକ୍ଷୀ, ପବନ,
ଗୋଟେଇ ଥାନ୍ତି,
ସୂର୍ଯ୍ୟରୁ ସୂର୍ଯ୍ୟାସ୍ତ ସ୍ନାୟୁରୁ ସଙ୍ଗୀତ
ତୁମ ଓଠରୁ କିଛି ଦୀର୍ଘଶ୍ୱାସ ।

■

ସୁନାର ହରିଣ

ତୁମର ସେ ଆୟୁଷ୍ମାନ ହାତ
ଦିନେ ଆଉଁଶି ଥିଲା, ମୋ
ମନ, ସ୍ୱପ୍ନ, ସମୀରଣ,
ଅଭିମାନ, ଆସକ୍ତି, ଅବ୍ୟକ୍ତି,
ବର୍ଷିଥିଲା, ମୋ ମନରେ
ଆଷାଢ଼ର ପ୍ରଥମ ବର୍ଷାରେ
ଭିଜିଥିଲା କମଳ, କଦମ୍ବ
ଉନ୍ମାଦ ଓ ଶିହରଣ,
ବାସ୍ନା ଫୁଲ ଓ ସଙ୍ଗୀତ,
ମନ ଆଉ ସ୍ୱପ୍ନ,
ତୁମ ହାତର ରହସ୍ୟ
ପ୍ରଲୋଭିତ କରିଥିଲା ଦିନେ
ପଥିକ-ପ୍ରେମିକ
ପୋଛିଥିଲା ମୋ ମୁହଁରୁ
ବିନ୍ଦୁ ବିନ୍ଦୁ ସ୍ୱେଦ
ପାଉଁଶ, ପରାଜୟ ଓ ଭୋକ

ତୁମ ହାତ,
ଗୋଟେ ଉଡ଼ନ୍ତା ମନର ମହକ,
ହଂସ କାକ ମୃଗ ଓ ମୟୂର

ରକ୍ତରେ ମିଶିଯାଇଥିବା ସ୍ୱପ୍ନ
ତୁମ ହାତ ଧରି ପାରେ, ମୋ ପାଇଁ
ସୁନାର ହରିଣ ।

∎

ବିରହ

ତା' ପାଇଁ ବିରହ କ'ଣ
ସେ ତ ବସନ୍ତରୁ
ପିଇଦେଲା
ସବୁଯାକ ମହୁ,
ଉଡ଼ିଗଲା,
ଏବେ ବସିଛି ଅନ୍ୟ ଏକ
ଗଛର ଡାଳରେ,
ଭିଜୁଛି, ସଜେଇହଉଛି,
ଝର୍କା ଦେଇ ଦେଖୁଛି
ନିର୍ବୋଧ ପ୍ରେମିକଟି କେମିତି
ଜଳିଯାଉଛି, ବିରହ
ବ୍ୟଥାରେ ।

ଅନ୍ଧାରର ଆଲୁଅ

ଅନ୍ଧାର ଆଢ଼େଇ
ରାତ୍ରିର ରହସ୍ୟ
ଖୋଜିଲେ ସିନା
ଜଣା ପଡ଼ିବ
କେମିତି ନିର୍ଜୀବ
ଲଣ୍ଠନର ଫିତାଟି
ଅନ୍ଧାରକୁ କୋଳେଇ ନିଏ
ଅତୃପ୍ତ ଆଲୋକର
ଆନନ୍ଦ ଭିତରେ
ସବୁଯାକ ଫୁଲ
ମାଟିରେ ଝାଡ଼ି ଦେଲାପରେ
କାକରରେ ଭିଜୁଥିବା
ଗଙ୍ଗଶିଉଳି କିପରି
ଅପେକ୍ଷାର ଆତୁର
ଅନ୍ଧାର ଭିତରେ
ସଳିତା ପରି ଜଳିଯାଏ,

ଚିରାଛିଣ୍ଡା କାଗଜଟିରେ
ସ୍ୱେଦରେ ଲେଖି
ବେଦନାର ଇଚ୍ଛାପତ୍ର

୧୩୦ | ଲକ୍ଷ୍ମଣ କୁମାର ସାହୁ

ଭୟ, ଭସ୍ମ, ପାଉଁଶ
ପରାଜୟର ଚିତ୍ରପଟ
ଦେଖ ! ତା' ଭିତରୁ କେମିତି
ଫେରିଯାଏ
ପକ୍ଷୀଙ୍କର କୋଳାହଳ
ଜଞ୍ଜାଳ ଭରା ଜଞ୍ଜାଳ
ଭୟ ରୋମାଞ୍ଚିତ ପ୍ରେମଗୀତ
ନିକାଞ୍ଚନ ଅନ୍ଧାରର
ଡାହାଣୀ ଆଲୁଅ !

■

କେତକୀ

କଣ୍ଟା ବଣରେ ଫୁଟିଥିବା
ଅଭିମାନୀ କେତକୀ ସେ
ନିଜ ନାଁରେ ବଞ୍ଚିବାକୁ
ବିଞ୍ଚି ଦେଇଛି ସେ ବାସ୍ନା
ନିଃଶବ୍ଦରେ ଜୀବନ ସାରା
ହସାଉଛି
ନିଜ ଓଠର ବାସ୍ନାରେ,
ଶୀତରାତି କୁହୁଡ଼ି କାକର
ତା' ଗନ୍ଧରେ ଭାସିଯାଉଛି
ଗୋଟେ ସଞ୍ଜବେଳ,
ପ୍ରତିଟି ନିଦ ନିଃଶ୍ୱାସରେ,
ତା' ପାଦ ଆଙ୍ଗୁଠି
ଓଠ କପାଳରେ
ବୋଳା ହୋଇଛି ସ୍ୱପ୍ନ
ଗନ୍ଧ, ପବନ, ପକ୍ଷୀ, ପ୍ରଜାପତି
କପୋତ, କପୋତୀ
ସମସ୍ତଙ୍କୁ ବାଣ୍ଟି ଚାଲିଛି ବାସ୍ନାଭରା
ଜହ୍ନର କିରଣ

ସେ ତ ଗୋଟେ
ଭିନ୍ନ ''ପବନର ସ୍ୱର''
ତା' ନାସାଗ୍ରରେ
ଝାଳ, ଝରଣା, ପୁଣ୍ୟ
ଚିହ୍ନା, ଅଚିହ୍ନା ଏପରିକି
ବର୍ଷାରେ ଭିଜୁଥିବା ପକ୍ଷୀଙ୍କ ପାଇଁ
ତା' ଭିତରେ ଲୁଚିଛି ଗୋଟେ
ଉଦାସ କାରୁଣ୍ୟ।

ବର୍ଷା ରାତିର ଅନ୍ଧାର

ରାତିସାରା ବର୍ଷୁଥିଲା
କୋଉଠି କେଜାଣି
ଫାଟିଯାଇଥିଲା ଆକାଶ
ସକାଳୁ ସକାଳୁ
ଓଦା ମାଟିରେ ପାଦ ରଖି ଜାଣିଲି
କାଲି ରାତିରେ, ଅବେଳାରେ
ଜହ୍ନ ଛାଡ଼ି ଚାଲିଯାଇଥିଲା,
ଆକାଶ ଅଗଣା, ତାରାଲୋକ
ବାଦଲ ଘେରରେ
ଫିକା ପଡ଼ିଥିଲା ଚନ୍ଦ୍ରାଲୋକ,

ବର୍ଷା ରାତିରେ, ଅକସ୍ମାତ୍
ଚେନାଏ ବିଜୁଳି,
ମୋ ମନକୁ ଶିହରଣ
କରିଦିଏ,
ଆଲୋକିତ ହୋଇଯାଏ, ମୋ ସ୍ମୃତିର
ନିରୁଦ୍ଧ କୋଠରୀ
ବର୍ଷା ଅନ୍ଧାରରେ ମନେପଡ଼େ
ସେଦିନ ଏମିତି
ଆମ ମନର ନୀଳନୀଳ

ସ୍ୱପ୍ନର ମୟୂର
ନାଚିଥିଲା ପରଟେକି
ଆକାଶ, ପାତାଳ
ବର୍ଷାର ଉଦାର ହାତ,
ଆମ ମୁହଁରେ
ବୋଳି ଦେଇଥିଲା
କୋଟି କୋଟି କଦମ୍ବର
ସୁରଭିତ ରୋମାଞ୍ଚ-ଅବିର।

ଭାଗ୍ୟ

କେହି କ'ଣ ରୋକି ପାରିଲେ
ଦ୍ରୌପଦୀ ବସ୍ତ୍ରହରଣ,
ଭାରି ସଭାରେ,
ବିବସ୍ତ୍ର ହେଲେ ପାଟରାଣୀ
ଭାଗ୍ୟବତୀ, ସତ୍ୟବତୀ
ସତୀ, ଦ୍ରୌପଦୀଙ୍କୁ
ବିବସ୍ତ୍ର ବେଳେ, କେହି କ'ଣ
ଧରି ପାରିଲେ
ଦୁଃଶାସନର ହାତ
ଏ ଥିଲା ଭାଗ୍ୟ ଆଉ
ଜୀବନର ଦୁର୍ଭେଦ୍ୟ ଅନ୍ଧାର
ସମସ୍ତେ ପାଖରେ ଥାଇବି
ଚୁପଚାପ ଠିଆ ହୋଇ
ଦେଖୁଥିଲେ,
ଜଳୁଥିବା ଭାଗ୍ୟର ଅଙ୍ଗାର ।

କେହି ଜାଣନ୍ତି ନାହିଁ
ଭାଗ୍ୟର ସାମର୍ଥ୍ୟ କେତେ
ନହେଲେ କ'ଣ

ହସ୍ତିନା ବୀର ପୁଙ୍ଗବ,
ପିତା ଭୀଷ୍ମ,
ନିଷ୍ଠୁର ଭାଗ୍ୟରେ ବନ୍ଦୀ ହୋଇ
ଅସହାୟ ପିଲାଟି ପରି
ଶରଶଯ୍ୟରେ ଶୋଇ ଶୋଇ,
ଯନ୍ତ୍ରଣାରେ କାଟିଥା'ନ୍ତେ
ବଳକା ଜୀବନ ।

ଭେଟି

ଦେବାକୁ ଥିଲା ତୁମକୁ
ମାୟା, ମରୀଚିକା, ବାସ୍ନା
ଉଦାର ଆଖିର ସ୍ୱପ୍ନ
ଲୁହ ଆଉ ପ୍ରଳୟର
ଅଝଟ ଅନ୍ଧାର,
ମୋ ଏକୁଟିଆ ପଣର
ଦଲକାଏ ଦକ୍ଷିଣା ପବନ।

ହେଲେ ତୁମେ ତ
ଖୋଲିଲ ନାହିଁ ଦ୍ୱାର,
ନିଦ୍ରିତ ଆଖିର ଅନ୍ଧାରରେ
ମୁଁ କୁଆଁତାରା ପରି
ଫେରି ଆସିଲି,
ବର୍ଷା ଭିଜା ପକ୍ଷିଣୀର
ନିରବତାର ପରିଧିରେ,
ନିଶ୍ଚୁପ୍ ନୀଡ଼କୁ।

କହିବାକୁ ଥିଲା, ତୁମକୁ
ଇଚ୍ଛା, ଅନିଚ୍ଛା,
ଆନନ୍ଦ ଓ ନିରାନନ୍ଦ

ଗେହ୍ଲା ଗୁମାନଙ୍କ
ଭଙ୍ଗା ଭଙ୍ଗା ଢେଉର କାହାଣୀ
ରାସ୍ତା ଉପରେ ଠିଆ ହୋଇ
ଗଛ ପାଲଟି ଯାଇଥିବା
ପ୍ରେମିକର ନିରବ ଯନ୍ତ୍ରଣା
ହେଲେ ତୁମେ ତ ଉଡ଼ିଗଲ
ପକ୍ଷୀ, ପ୍ରଜାପତି କି କପୋତୀ ପରି
ଧରା ନ ଦେଇ ବସିଗଲ
ପତ୍ରଙ୍କ୍ୱା କାହା
ଆକୁଳ ସ୍ୱପ୍ନର, ଖିଆଲି ଡାଳରେ।

ମୁଁ ଖାଲି ଆଞ୍ଜୁଳାଏ ଅଶ୍ରୁ
ଢାଳି ଦେଉଛି ତୁମ
ନୀଳ ନିଃଶ୍ୱାସରେ
କାନ୍ଦଣାର କାକଳିରେ
ପ୍ରଲେପିତ ହୋଇଯାଉ
ତୁମ ସ୍ୱପ୍ନ
ସକାଳର କାକର ଓଠରେ
ଫଗୁଣର ଉଦାସ ଜହ୍ନରେ।

■

ନଈ

ନଈ ତା' ପେଟରେ
ଲୁଚାଇପାରେ
ଶୋକ ଶାମୁକା
ଫୁଲ, ପାଉଁଶ, କାତ,
ପାପ, ପୁଣ୍ୟ
ଗଛଙ୍କ ବିରହ ଛାଇ,
ଡଙ୍ଗାରେ ଏକାକୀ
ପାରି ଦେଉଥିବା
ଶୋକାତୁରା ବିଧବାର ଦୁଃଖ !

ମୁଁ ଜାଣେ,
ଚଞ୍ଚଳ ସୁଅରେ କେମିତି
ଭାସିଯାଏ ଝରାପତ୍ର
ଆଉ ତା' ଅଲୋଡ଼ାପଣର
ସବୁଯାକ ଦୁଃଖ
ପହଁରୁଥାଏ ସେଇଠି ଗୋଟେ
ପ୍ରେମିକାର ନିରବ ଇଚ୍ଛାର
ସୁନା ମାଛ
ଅନେକ ଉଚ୍ଛ୍ୱାସ !
ନଈ, ଗିରି କୂଳ ଲଘି

ଲୀନ ହୋଇଯାଏ
ସମୁଦ୍ରରେ
ଅସହାୟ ମୁହାଣରେ
ସବୁଜାଣି ମଧ୍ୟ
ଭାରି ବର୍ଷାରେ ଫୁଲି ଉଠେ, ନଈ
ନିଦାଘରେ ଶୁଖିଯାଏ,
ଭୁଲିଯାଏ ଦିନେ ତା' କୂଳରୁ
ପାଣି ପିଇ ଫେରିଥିବା
ପାହାଡ଼ୀ ଲଳନା
ଆଖିରେ ଝୁଲୁଥିଲା
ତା' ପ୍ରଥମ ପ୍ରେମର
ମହମହ ବାସ୍ନା ।

■

ଠେକୁଆ

କୋଉଠି ହଜାଇଥିଲା
ଫୁଲର ପୋଷାକ
କେଜାଣି ତା' ମନେ ନାହିଁ
ଘାସ କିଆରୀରେ
ବସିଛି ଯେ ବସିଛି
ଏ ଯାଏ,
ଜୀବନ ସାରା ଖୁଣ୍ଟି ଖାଉଛି
ଦୂବର ଜଙ୍ଗଲ !

ଠେକୁଆ କି ଜାଣେ
ପଲ ପଲ ମେଘଙ୍କର ଦୁଃଖ
ଝିପି ଝିପି ବର୍ଷି ବର୍ଷି
ବାଣ୍ଟୁଥାନ୍ତି ସବୁଯାକ ଶୋକ
ସେ ତ ସ୍ୱପ୍ନର ଦର୍ପଣ ଦେଖି
କାଟୁଥାଏ ଶୀତରାତି
ସକାଳୁ ସକାଳୁ ଯାଇ
ଖୋଜୁଥାଏ ନଈ କୂଳେ
ଘାସର ଚାଦର !

କିଏ ଜାଣେ,
ଠେକୁଆର କେତେ ସ୍ୱପ୍ନ,
ନିଘା ନଥାଏ ତା'ର
ପତଙ୍ଗ କି ପ୍ରଜାପତି
ନିଆଁ ପାଣି ପବନ,
ଚମ୍ପା ଫୁଲ ଖରାବେଳ
ତା' ପାଇଁ ଘାସ ହିଁ ଜୀବନ।

ଦିନ ସାରା ଇଛାର ସୁଅରେ
ମାଛି ପରି ପହଁରି ପହଁରି
ସଞ୍ଜକୁ ଫେରିଲାବେଳେ
ତୋଳି ଆଣେ ତା' ଆଖିରେ
ନିଛାଟିଆ ନଈକୂଳ
ବୁଡ଼ି ଯାଉଥିବା ଦିନର ଖିଆଲ
ଘନଘୋର ଅନ୍ଧାରର
ଗୋଟେ ସଞ୍ଜବେଳ।

■

ଜୀବନ ଜଞ୍ଜାଳ

ମୁଁ ତ ଜୀବନ ସାରା
ଜଗିକି ବସିଛି
କାହାର ନା କାହାର
ସୁନାର ସଂସାର !

ମାଛ, ଆକାଶ, ପଦ୍ମନାଡ଼
ଉଡୁଥିବା ପଲପଲ ମେଘ
ମୋ କାନ୍ଧରେ ଫୁଟିସାରିଲାଣି
କାହାର ନା କାହାର କପଟ ବନ୍ଧୁକ
ପଛପଟୁ ଭୁସି ସାରିଲେଣି ଛୁରୀ !
ତଥାପି ମୁଁ ନିଃସଙ୍ଗ ଫୁଲ ପାଖୁଡ଼ା
ଧୋଇ ଚାଲିଛି,
ମୋ ଲୁହର ସୁଅରେ ।

ମୁଁ ଅନ୍ଧ ବାଟୋଇ ପରି
ବାଡ଼ି ଧରି ଚାଲିଛି, ଚାଲୁଛି
କାଟୁଅଛି ଶୀତରାତି
କାକର କୁହୁଡ଼ି !

ଜୀବନଯାକ ତ

ଉଦାସ ଖରାବେଳର
ବାଉଁଶ ବଣରେ
ଖାଁ ଖାଁ ପବନରେ
ମନ୍ଥୁଥିଲି ଧୈର୍ଯ୍ୟର ସମୁଦ୍ର
ଦୁଃଖର ସମୁଦ୍ର ମନ୍ଥନୁ
ପାଉଥିଲି ଖାଲି ବିଷ ଖାଲି
ନଥିଲା ଅମୃତ !

ଦିନରାତି ଜଳୁଥିବା
ନିଆଁର ଅଙ୍ଗାର ଧରି
ବୁଲୁଥିଲି ସମୁଦ୍ର, ସମୁଦ୍ର
ଅଣ୍ଟାରେ ଘୋଡ଼ାଇ ଦେଇ
ମାଟି, ପାଣି, ପବନ
ମୋ ଭିତରେ ଭିଜିଯାଇଥିବା
ଧୂସରିତ ସ୍ୱପ୍ନ !

ଟିକେ ଅନ୍ତରଙ୍ଗତା ଛଡ଼ା
ମୋ ପାଖରେ କିଛି ନାହିଁ
ଚାରିପଟେ,
ମାୟା ମରୀଚିକା
ଲୁଣ ଆଉ ଯନ୍ତ୍ରଣାର
ବହଳ ଅନ୍ଧାର
ଝର୍କା ଦେଇ ପଶିଆସେ
ଉଦାସ ଜଞ୍ଜାଳ ।

■

ହାତ ମୁଠା

ତୁମ ଭିତରେ ଲୁଚିଥିଲା
ତାରା, ଜହ୍ନ, ମେଘ
ସ୍ୱପ୍ନ, ଶ୍ରଦ୍ଧା ହସର ନୂପୁର
ବଣୁଆ ଫୁଲର ବାସ୍ନା
ଭରା ନଈ ଜହ୍ନର ଯମୁନା
ତୁମ ଆଖିରେ ଯା' ଆସ କରନ୍ତି
ସକାଳର ଚଞ୍ଚଳ ଫୁଲର ବାସ୍ନା
ଦୋଲକାଏ ଦକ୍ଷିଣା ପବନ
ତୁମେ ପୋଛି ଦେଇପାର
କୁଆଁତାରା ମୁହଁରୁ କାକର
ବର୍ଷାଭିଜା ପକ୍ଷିଣୀର ପର
ତୁମ ଭିତରେ ଅନିଦ୍ରିତ
ରହସ୍ୟ ଓ ବାସ୍ନାର ମାହୋଲ !

ତୁମ ଆକାଶର ଇନ୍ଦ୍ରଧନୁ
ରଙ୍ଗ ବଦଳାଇ
ଆତ୍ମୀୟତାର ଛଳଛଳ ହାତରେ
ଯେବେ ଆକାଶ ଆଖିରୁ
ଲୁହ ପୋଛିଦେବ
ତୁମ ଛାଇରେ

ଦର୍ପଣଟି ଭିଜିଯିବ
ତା’ ନଥିବା ହାତ,
ସବୁ ଅତୃପ୍ତ ଆତ୍ମାକୁ
ସ୍ନେହରେ ଆଉଁଶି ଦେବ,
ତୁମ ହାତ ମୁଠାରେ
କିଏ ରଖିଦେବ
ମୁଠାଏ କଅଁଳ ସ୍ୱପ୍ନ
ନିରବ, ନିଶ୍ଚଳ ସୂର୍ଯ୍ୟୋଦୟ
ପାହାଡ଼ରୁ ଆକାଶକୁ
ଚଢୁଥିବା ଆଲୋକ ବଳୟ !

■

ଅନନ୍ୟା

ସେ ମୋ ଚଟାଣକୁ
ଚିତ୍ରିତ କରୁଥିବା
ଏକ ବାସ୍ନାର ଗାଲିଚା
ମୁଁ ସେଠି ବସେ,
ସେ ମୋ ଗୁମ୍ଫାର
ଲିପିବଦ୍ଧ ଶିଳାଲିପି
ମୁଁ ତାକୁ ବସିବସି ପଢ଼େ,
ସେ ମୋ ମନ ଭିତରେ
ପୋତି ହୋଇଯାଇଥିବା
ସ୍ୱପ୍ନର ଦ୍ୱାରକା,
ମୁଁ ତାକୁ ଖୋଳେ,
ସେ ତ ଏ ବିରଳ କୃଷ୍ଣସାର,
ଘୂରିବୁଲେ, ସବୁ ସ୍ୱପ୍ନର
ନଈକୂଳେ, ଖାଣ୍ଡବ ବନରେ !

ସେ ଅନନ୍ୟା, ସେ ଅନ୍ୟା,
ଏକ ବିଜୁଳି କନ୍ୟା
ସକାଳର କଅଁଳ କିରଣ
ବୋଲିହୋଇ, ନାଚି ନାଚି
ଡେଇଁପଡ଼େ, ଅଧା ଆକାଶକୁ

ସାତତାଳ ପାଣିରୁ
ସାଉଁଟି ଆଣେ
ଶାମୁକା ପେଟର କଥା
ଅନ୍ଧମାଛର ଆଖିରୁ
ପୋଛିଦିଏ ଦୁଃଖ ଆଉ ବ୍ୟଥା,
ସେ ତ ଗୋଟେ ଉଚ୍ଛୁଳା ଯମୁନା
ପଦ୍ମପତ୍ରରେ ଢଳଢଳ,
ଅସ୍ଥିର ଉତ୍ତାଳ
ଭିନ୍ନ ଏକ
ପକ୍ଷିଣୀର ଡେଣା !

■

ପବନର ସ୍ୱର

ନିଃଶବ୍ଦ ସୁନ୍ଦର
ବାସ୍ନାଭରା ଫୁଲ, କଦମ୍ବ
ଚମ୍ପାର ସମ୍ଭାର
ପଦ୍ମ, ପ୍ରଳୟ, ସ୍ୱପ୍ନ,
ସମୁଦ୍ର, ନଦୀ ସବୁଠାରେ
ପବନର ସ୍ୱର
ପବନର ସ୍ୱରରେ ଥାଏ
କିଛି ସ୍ୱପ୍ନ, କିଛି ଶୋଷ
ଇନ୍ଦ୍ରଧନୁର ବାସ୍ନା
କାକରର ଗନ୍ଧ
ଶୀତଳ ସ୍ନେହର ସଂଗୀତ,
ଅରଣ୍ୟର ସ୍ୱପ୍ନପରି
ପବନର ସ୍ୱପ୍ନ ଥାଏ,
ତା' ସ୍ୱପ୍ନ ତା'ର ସ୍ୱର,
ସ୍ୱର ତା'ର ଉନ୍ମାଦନା
ଏହି ସ୍ୱରରେ କେତେବେଳେ
ଭାସିଯାଏ ଗୀତର ଆକାଶ
ଚକୁଳିଆ ପଣ୍ଡାର ସଙ୍ଗୀତ
ସନ୍ଧ୍ୟାର ଖଞ୍ଜଣି,
ଆଉ ସକାଳର ଶୁଭ ଶଙ୍ଖଧ୍ୱନି !

ପବନ ତ ଧୂପ ଆଉ
ସୁଗନ୍ଧର, ନିରବ ଗୁଞ୍ଜନ
ବଂଶୀର ମୂର୍ଚ୍ଛନା
ବନ୍ଦାପନା
ପ୍ରାର୍ଥନାର ଦୀପ ଓ ଚନ୍ଦନ,
କୁନିପିଲା କାନ୍ଦଣାର
କୁମାରୀ ଅରଣ୍ୟ
ମନ୍ଦିରର ଶଙ୍ଖଧ୍ୱନି
ପବିତ୍ର ହୋମକୁଣ୍ଡର
ବାସ୍ନାଭରା, ଆବାହନ !
ଆଖିର ଶୀତଳ ସ୍ୱପ୍ନ
ମୋହନ ମନ୍ଥନ ।

BLACK EAGLE BOOKS

www.blackeaglebooks.org
info@blackeaglebooks.org

Black Eagle Books, an independent publisher, was founded as a nonprofit organization in April, 2019. It is our mission to connect and engage the Indian diaspora and the world at large with the best of works of world literature published on a collaborative platform, with special emphasis on foregrounding Contemporary Classics and New Writing.

www.ingramcontent.com/pod-product-compliance
Lightning Source LLC
Chambersburg PA
CBHW030231100526
44583CB00013BA/876
9781645603306